残念な人の仕事の習慣

人間関係、段取り、時間の使い方

山崎将志

アスコム
BOOKS

はじめに　「来た球を打つ」のは本当か

知ることが難しいのではない。

いかにその知っていることに身を処するかが難しいのだ。

司馬遷　『史記列伝（一）』（岩波文庫）より

ちょうど2009年の春頃の話である。

ワールド・ベースボール・クラシックで日本が優勝し、巷《ちまた》に歓喜の渦《うず》が巻き起こった。

我が家では、普段ほとんど野球が話題になることはないのだが、この時期だけは当時小学校3年生だった長男を筆頭に、他の2人の息子も妻も私も、決勝トーナメントはテレビに釘付けで試合を観戦していた。

日本の優勝が決まった翌週末、すっかり野球の魅力に取り付かれた長男が、「バッティングセンターに行きたい！」と言い出したので連れて行った。とりあえずそのセンターで最も遅い90キロのレンジに入るものの、長男は学校の放課後に遊びで野球をやっている程度なので、ほとんど打てない。「よし、俺が見本を見せてやる」と言って、居並ぶ他の子どもたちを尻目に、打席に入った。

ところが、私も全く打てない。90キロのボールに当たらない。コインを入れると20球出てくるのだが、最初の10球でバットに当たったのはゼロである。一方、隣では坊主頭の中学生が110キロのボールを気持ちよさそうに打っている。

なぜ、バットにボールが当たらないのか。

まず思ったのは、自分が描いている体の動きと実際の動きが大きく違うということ。バッティングセンターはほとんどストライクが来るので、常に同じ場所にバットが出ていれば少なくとも当たるはずである。要するに振り遅れているのだ。

ボールが投げられた後からバットを振っても振り遅れる。だから、途中からは投げると同時に振り始めることにした。運よく当たることもある。結局後半の10球のうち3球当てることができた。

後ろで並んでいるよその子どもたちの視線を感じつつ、野球部でなかったとはいえ昔はもっと打てたはずなのにな、とがっかりしながら打席を出た。

落胆の帰り道に、ふと気になった。プロの選手はどうしているのだろうか。プロの投手の速球は140キロくらい。150キロ後半のスピードボールを投げる投手もいる。どれだけ反応がよくても、投げてから振り始めて間に合うのだろうか。それに、本番では直球だけじゃなく変化球も来る。

テレビのヒーローインタビューなんかを見ていると「来た球を打っただけです」などと言う選手がいる。しかし、本当に来た球を打つことなど可能なのだろうか。

ある日、現在はテレビの解説者をやっている元プロ野球選手と、たまたまゴルフ場でご一緒する機会があったので、この質問をぶつけてみた。すると「タイミングやね」との答えが返ってきた。少なくとも投げられたボールだけを見ているのではなさそうである。

この疑問を解決してくれた選手がいる。メジャーリーガーの松井秀喜選手だ。ある日、テレビのスポーツニュースを観ていたらこんな話が紹介されていた。

松井選手はメジャーに行って7年が経つ。正直に言えば、日本でプレーをしていたほど活躍しているわけではない。その理由は、メジャーの投手になかなか順応できなかったからだという。

メジャーの投手が投げるストレートは、微妙に揺れる。カーブやチェンジアップなど、メジャーの投手のクセは、日本の投手のクセとは一味も二味も違うらしい。

しかし2009年、松井選手は夏場にホームランを量産し、ワールドシリーズでは打率6割以上、ホームラン3本と大爆発し、MVPに輝く。なぜ、松井選手が2009シーズンに調子を上げることができたのか。それは、メジャー投手のクセがわかってきたからだと言う。「投手のクセやボールの軌道がようやく頭にインプットできた。時間がかかりましたね」という趣旨のことをテレビのインタビューで言っていた。

2010年、ロサンゼルス・エンゼルスに移籍後、やや調子を落としているが、今もなお主軸打者として奮闘している。

やっと私の中のもやもやが吹っ切れた。

一流選手は、来た球を打っているのではなく、仮説検証型でやっていたのである。さらに、その立てる仮説も、相手との関係性の中で想定しているということだ。

残念な人は、前提条件で間違える

ここで、「残念な人」の定義をしておきたい。

残念な人は、やる気ＯＫ、能力（読み書きそろばん）ＯＫ。ちゃんと学校を出て、入社試験もクリアした。役に立つ資格も持っている。そして、やる気も十分あり、夜遅くまで懸命に働いている。しかし、何かが間違っているために、結果が今ひとつになってしまう。そして、その間違っている「何か」とは**モノゴトを考える・行動するにあたっての「前提条件」**である。

残念な人とは、決して「バカな人」という意味ではない。「もったいない人」と言い換えてもよい。

「残念な人」は、口では謙遜《けんそん》しつつも実は自分の能力を過信する傾向にある。それが先ほどの「来た球を打つ」という習慣だ。

貯蓄から投資へと叫ばれて久しいが、銀行預金や生命保険以外の金融商品に手を出して痛い目に遭っている人も多いだろう。そういう人の典型的な行動は「上がったら買う、下がったら売る」である。しかし、天井買いの底値売りでは絶対に勝てない。

仕事においても同じだ。新商品が流行《はや》りきってから手を出し、売れなくなって不良在庫が積みあがってから撤収する。就職においても、成熟しきった産業に入り、会社がどうしようもなくなってから次の仕事を考える。もっと身近な働き方の世界では、言われたらやる、怒られたらやり直す。

残念な人と言うと、作業の効率性やスピードが今ひとつな人を思い浮かべるかもしれないが、それは一面的である。**自分以外との関係性の中でモノゴトを見られないことがより問題**なのだ。自分以外とは、コミュニケーションや取引対象としての人間だけではなく、世の中、市場、所属する組織などを指している。この効率性と、関係性は次の図で整理できる。

実は、枠外がある。それが、図の左下の「残念以前の人」。能力がない、やらない、自

残念な人マトリクス

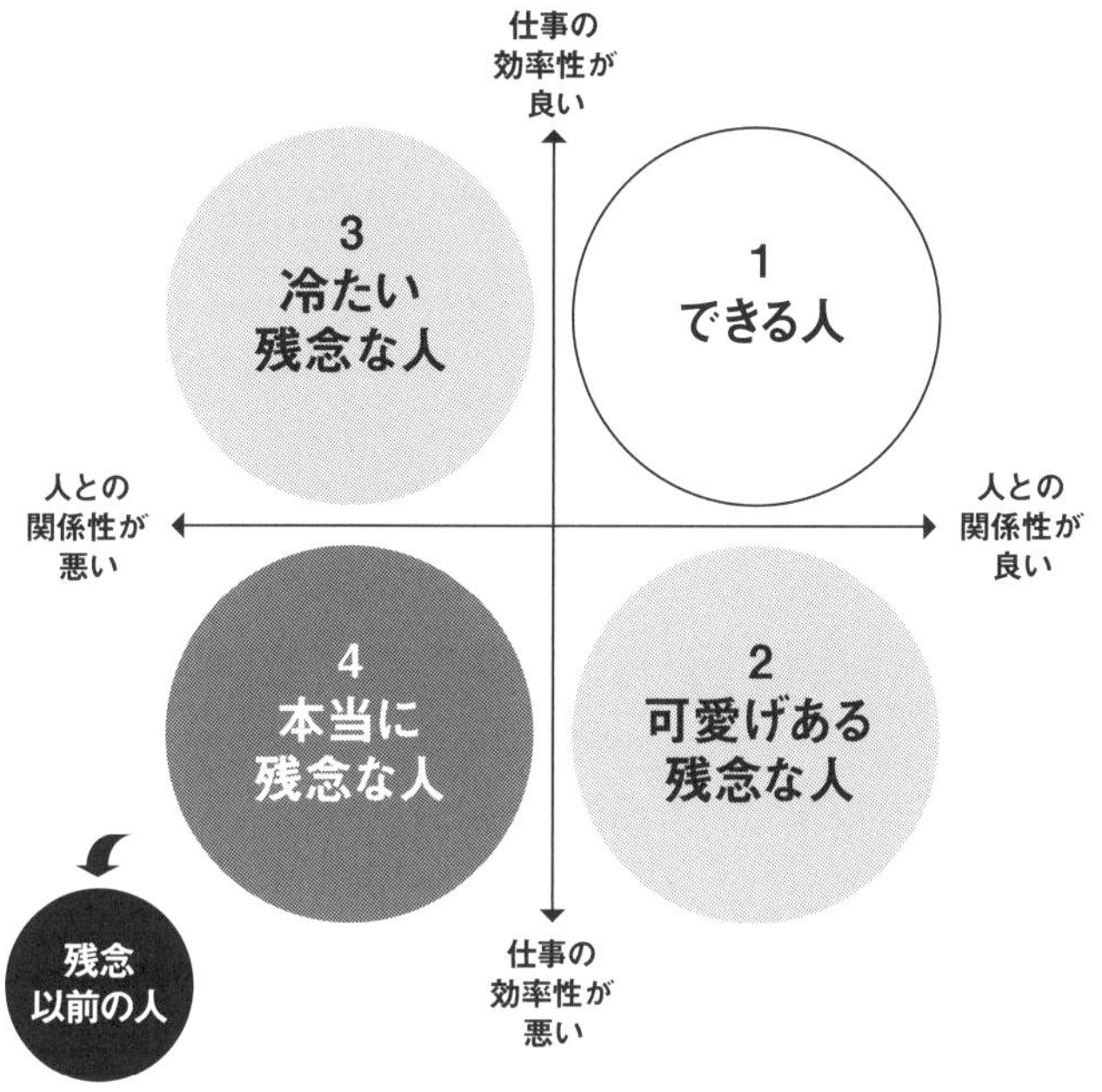

1 できる人
仕事を効率的かつスピーディーに進めつつ、自分と相手の両方を考える。

2 可愛げある残念な人
仕事は「とりあえず」のレベルだが、自分と環境、他者との関係性には気を遣っている。営業や販売の現場に携わる人に多い。

3 冷たい残念な人
仕事は効率的かつスピーディーだが、自分中心の視点でしかモノゴトを考えない。会社のバックオフィスや研究開発部門に多い。

4 本当に残念な人
仕事の効率も他者との関係性も悪い。できる人になるには相当な苦労を伴うが、とりあえずやるだけマシだ。

分のことすら考えない人である。ちなみに、この意味では、私は野球に関して言えば、残念以前の人だ。

松井選手がピッチャーとの相対性の中で仮説検証を行うという趣旨のことを言っていたが、本書では、その関係性の中で自分の仕事をどう構築するかという点で、論考を進めて行く。

第1章は「ビジネス」。ゴルフ場やビジネスホテル、そして飛ぶ鳥を落とす勢いの「餃子の王将」「星野リゾート」の成功事例を見ながら、「ある一部分で損をしても、全体で得になる」をテーマにした「損してトク取れ」方式について解説する。

第2章は話し方やメールなどの「コミュニケーション」について。「残念な人の話には〝たとえば〟がない」「ダメ上司ほど帰り際の社員を呼びとめる」など職場で繰り広げられる残念な習慣とその解決策について考察を進める。

第3章は「時間の使い方」。「なぜ、タクシーに乗るとイライラするのか」といった日常の話から、「ワーク・ライフ・バランス」のような大きなテーマまで網羅した。

第4章では、個人の「働き方」に注目する。現在の仕事の面白さを発見し、さらに進化させることで、やりがいのある仕事へと変貌させられる。日々の仕事を、二流は「単純作業」と嘆き、一流は「実験の場」として活用する。この違いについて考えてみたい。

ラストの第5章は「イノベーション」。成果が出ない現状から抜け出すためには改善が必要である。特に成熟した業界では抜本的な改善策が求められるが、これが言うほど簡単でないのも事実である。イノベーションの基本は、他業種のいい点を取り入れるベンチマークだ。本書では「書店」にスポットを当てて論を進めているが、他業界の人にとっても役立つエッセンスが詰まっているはずだ。

ビジネス、コミュニケーション、時間、働き方、そしてイノベーション。

仕事上のさまざまなシチュエーションの中で、来た球を打つ出たとこ勝負の仕事をするのではなく、努力を成果に直結させる仮説検証型の仕事にするために、本書がヒントになれば幸いである。

もくじ

第2章

コミュニケーション編

残念なメールは金曜夜にやってくる

第3章 時間の使い方編

残念なタクシーに乗り込む残念な客

第4章 働き方編

二流は「単純作業」と嘆き、一流は「実験の場」と喜ぶ

第5章イノベーション編

もしも書店から会計レジがなくなったら…

第1章

ビジネス編

できる人がやっている「損してトク取れ」方式

言い訳がうまい人間は、それ以外のことがほとんどできないものだ。

ベンジャミン・フランクリン

『フランクリン自伝』（中央公論新社）より

非効率な仕事を頑張らせない

私の会社の近くに小さな印刷所がある。そこでは毎日茶色い紙で包装された印刷物または印刷前の紙と思われるものが、印刷所の入口と路上に停めてあるトラックの間を日に数回行き来している。印刷所の入口と道路の間には、幅3メートルほどの舗道《ほどう》があり、それは格子状にブロックが埋められている。

運搬作業を行っているのは、いつも50代前半と思われる女性である。山積みになった紙の束《たば》を台車に載せて運ぶのだが、ブロックの継ぎ目があるためにガタガタ揺れる。トラックはいつも印刷所の前に停められるとは限らない。だから、時には数十メートルも台車を動かさなければならない。その女性は、紙の束が落ちないように上を押さえながら、時には立ち止まってそれを直し、そしてまた運び始める。

いったい彼女はこの作業を何年やっているのだろう。

当たり前だが、印刷物は商品である。品質要求の厳しい日本では、もし落として角が折れたりしたら、全て損失になってしまう。だから、彼女は非常に丁寧に仕事をしている。おそらく工夫に工夫を重ねた上での相当な熟練であり、社内ではこの作業においては右に出るものがいないだろう。

しかし、このスキルは本当に必要なのだろうか。台車を、横に枠の付いたものに変更する、舗道の上にゴムマットを敷くなどすれば、このような熟練は不要である。上司なり、経営者なりは、なぜ尊厳のある人間にこのような作業を続けさせているのか、私にはわからない。作業を自分の目で見て、ほんの数分でも頭を働かせればすぐに改善できるというのに。あるいは、彼女は自分の職を守るためだけに続けているのかもしれない。

私は、極端にレベルの低い話を例示したわけではない。こうした、経営者やマネジャーの無能、放漫によって放置されている**「無価値な熟練」は世の中にあふれている**。

ツールの導入や、仕組みの変更によって会社から無意味な熟練を排除し、人間にしかできない仕事だけを残し、しかもその人間に常に新しい挑戦の機会を提供する企業だけが、成長することができる。

では、具体的にどうすればよいのだろうか。

この章では、その具体例をいくつか見てみたいと思う。

「朝食無料サービス」で利益が増えたゴルフ場

つい先日、あるゴルフ場で、なるほど、と唸ってしまった。

昔のゴルフと言えば、なんとなく金持ちの余暇の遊びという敷居が高い雰囲気があったと思う。バブル崩壊後多くのコースが経営難になり、これはチャンスと多くの外資系・国内系投資ファンドが競って優良コースを傘下《さんか》に収め、今となっては独立資本で経営しているゴルフ場を探すほうが難しい。

昔ながらのゴルフに愛着を感じる方々にとっては寂しいことのようだが、私のような持たざる若者にとっては、ありがたいことのほうが多い。まずは何と言っても現代的な経営が導入されたことである。会員でなくてもネットで予約ができ、料金もずいぶんリーズナブルになった。さまざまなＩＴサービスが導入され、従業員もコースの会員だけでなく、ビジターの方にも顔を向けて仕事をするようになり、プレーヤーにとってはずいぶん居心地のよい場所になったように思う。

　ゴルフ場にいる人たちの年齢層もかなり若くなり、またファッションも華やかになってきた印象がある。ここ数年、男子・女子ともにスタープレーヤーが次々に生まれ、スポーツとしての魅力が高まってきたこともあるだろうが、ゴルフ場のサービスレベルが上がったことも大きな要因であろう。

　ただし、競争が激しくなっていることもあり、「お金」や「モノ」によるサービスが増えてきたように思う。たとえば、ボールをもらえる、ポイント○倍、昼食時ドリンクサービスなどである。都心から遠く、知名度も高くないコースからは、4人で来れば1人無料、高速代負担しますなど、驚くようなサービスが時々あり、競争はますます激化する一方である。

　ある日、関東で数コースのゴルフ場を持つ経営者の方とラウンドする機会に恵まれた。その日はそのグループの中でも、フラッグシップと位置づけられているコースにお邪魔した。世界屈指のコース設計者によってつくられたコースは、プレーするときのレイアウトも挑戦意欲をそそるもので、景観も非常に美しい。芝の手入れも入念に施《ほどこ》されている。また、従業員のサービスも気持ちよい。時間さえ許せば何度でも訪れたくなるコースである。

このようにすばらしいコースなのだが、そこで**「朝食無料」というサービスが提供されていた**。

私は無料サービスということに素直に喜んだ。ゴルファーの朝食と言えば、家から持ってくるか、途中のコンビニで買うかして、車中でとるという人が多いように思う。コースに着いたら、朝食を食べるような時間がもったいなく、すぐに練習場に駆け出したいものだ。だから、朝のゴルフ場のレストランはガラガラ、というのが私の印象である。

しかし、そのゴルフ場のレストランは昼食時と同じくらいの数の人が入っていた。ゴルフ場の朝の風景としては、少し異様なほどである。

「せっかく無料なのだから、朝食を食べておこう」というのが客の心理だろう。

一般論としては「朝食無料」サービスは集客手段の一つなのだろうが、これだけブランド力のあるコースで朝食無料にしなくても客は十分に入るのではないか、などとブッフェスタイルの朝食を食べながら想像した。

しかし、このサービスのインパクトは、そんな単純なものではなかったのだ。

「忙しいから人を増やす」は何も解決しない

ゴルフ場には、キャディの割り振りやコース内のプレーの進行状況を管理する「キャディマスター」という職種がある。キャディマスターの朝の重要な仕事に、スタートの時間調節をするオペレーション作業がある。ほとんどの客は予約が前提なのだが、当日のキャンセルや遅刻が出るので、その調整をしなければならない。そのため、キャディマスター室の朝は大忙しである。

ところが、そのゴルフ場のキャディマスター室は静かなものだった。全くドタバタした様子もなく、とてもスマートで気持ちがいい。

なぜ、ここのキャディマスター室は、これほどまでにスムーズなオペレーションが機能しているのか。

その理由が、「朝食無料」というサービスの裏に隠されていたのである。

その社長とラウンド中に私が、「朝食無料は嬉しいですね」という話題を振ったところ、社長はこう教えてくれた。

「**朝食を無料にすると、遅刻するお客さまが激減するんです**」

なるほど、遅刻者が減れば、それだけ調整する作業が減る。キャディマスターは、１円の利益も生まない時間の組み替え作業に追われることがなくなり、本来やるべき、来場客への前向きなサービスの仕事に集中できるようになる。

客にとってもゴルフ場にとっても、どちらもが**Ｗ**Ｉ**Ｎ**‐**ＷＩＮの関係**になる。それが、「朝食無料」サービスの本質だったのである。

忙しいから人を増やすという発想は、ゴルフ場の従業員にとってはＷＩＮかもしれない。しかし、ゴルフ場の経営者と客にとってはＷＩＮではない。ゴルフ場はコストが上がり、結果客のプレー代に転嫁《てんか》されるわけだ。

朝食無料サービスで、みんながＷＩＮ‐ＷＩＮになった

商品や作業の一つ一つに単価を設定するのは経営の基本である。

先の例で言えば、レストランの商品単価、キャディマスターの時間当たり単価といった具合である。

しかし、それだけでは普通である。

会社全体を見て、売上と利益の総面積を最大化するためにはどうすればいいかという発想を持てるようになれば、つまり部分最適ではなく全体最適な視点をどれだけ持てるかが、普通以上に考えられるかどうかを左右する。

先述の通り、ゴルフ場で朝食を食べる客の割合は少ない。だからといって、レストランで朝食を食べるのが好きなプレーヤーもいれば、諸事情によりゴルフ場で食事をとらざるを得ない人もあり、客が少ないから止めるというわけにはいかない。1人でも朝食を食べる客がいれば、レストランは開けていなければならない。すると人は絶対に張り付いていなければならない。食材もバリエーションの分を用意しなければならない。1人食べようが10人食べようが、朝食のオペレーションにかかるコストは変わらない。

一方で朝食を無料にすれば、もともと少ないとはいえレストランの朝食の売上は減ってしまう。しかし、ゴルフ場にとって朝食は人件費と食材費を差し引くと、利益への貢献度は少ないだろう。ゴルフ場によっては赤字の可能性も高い。それならば、いっそのことブッフェスタイルで、食材の仕入れを平準化することで支出を安定化したほうが経営計画を立てやすい。おそらくブッフェスタイルにした場合の食材原価は１人当たり３００円程度であろう。その程度ならプレー代に紛れ込ませてもプレーヤーの大きな負担にはならないし、あるいは客に転嫁しなくても、無料朝食ブッフェにより来場客が増え、限界キャパシティに限りなく近いところまで予約を埋めることができれば、安いコストである。

　しかし、集客コストや原材料費以外に見落とされがちなのは、人の効率性である。この場合、レストランの担当者やキャディマスターの仕事量を平準化できる効果が大きい。

　片方では一見損を強《し》いるように見えても、他でより大きな得を取れれば、会社全体で売上と利益を上げることができるわけだ。

　このようにビジネスを組むことは、**「損してトク取れ」方式**と呼ばれている。ありきたりな言葉であるが、実はうまくいっているビジネスは随所に「損してトク取れ」方式が隠されている。

これまでの仕事を振り返ってみると、突発的なトラブルが起こったために、ものすごく大きなコストを払っているというケースがよくある。

急に呼ばれて、一日中トラブル処理に追われてしまう、あるいは、取引先に損害を与えてしまった、といった経験は誰にでもあるだろう。

トラブルの処理は気が重い。そのうえ、損害を補塡《ほてん》する経費が余計にかかってしまう。さらに、経営側の視点から見れば、余計な残業代の発生が利益を圧迫する。

天変地異、急な政策の変更、金融ショックなど、本当に避けようのないことが原因で起こってしまったトラブルの処理に追われるのは仕方がない。しかし、事前に少し準備しておけば当然避けられたトラブルのおかげで、てんてこ舞いになるのは本当に残念である。

いや、仮に外部要因があったとしても、損失を極小化し、リカバリーまでの期間を最短にするための準備はできるはずである。

トラブル処理は大変だ。体もしんどいし心も折れる。

しかし、さらにもっと大きな損失がある。

それは、**オポチュニティ・ロス（機会損失）**だ。

トラブルがなければ、新しい仕事を受注できたはずだが、クレーム処理に追われて、その機会を失ってしまう。また、クレームは重要な仕事をやらなければならない日に限って起こる。マーフィーの法則である。

だから、想定されるトラブルが起こらないようにする、起こったとしても最小限にとどめるのは本当に重要だ。特に最近は、企業の規模の大小を問わず、コンプライアンスや衛生・安全管理上のミスが徹底的に叩かれる。古くは東芝クレーマー事件（1999年に起きた東芝のクレーム処理をめぐる事件）から、最近ではBP社のメキシコ湾原油流出事故までさまざまである。

あるいは、会社側に非がなくとも、少し変わった従業員や顧客からのヘビークレームで悪い噂が広まったりする。

実は、**リスクマネジメントこそが利益である。**

個人情報保護やコンプライアンス遵守《じゅんしゅ》の広がりから、多くの企業では情報漏洩《ろうえい》のリスクマネジメントに関しては敏感になっている。会社によってはFAX送信を複数名で行うなど、過度とも言える取組みを行っているところもある。他にも一般事業におけるリスクと言えば、オペレーション、製造物、ファイナンスなどさまざまなリスクがある。

リスクマネジメントはお金もかかるし、手間もかかる。道徳の授業みたいな面もあり、担当者として説明すると、少し恥ずかしい気分になることもある。だから、ここで一つ発想の転換ができないかと思うのだ。つまり、**リスクマネジメントをしながら同時に売上を上げる、顧客満足度を高めるような取組みを検討する**、ということである。朝食の無料化と、来場者の組合せ管理業務の平準化という、一見独立して見える業務の関連性を見出すようなことである。楽しい仕事とは、こういったクリエイティブな発想をすることなのではないかと思う。

ビジネスホテルに「大浴場」がある本当のワケ

仕事をする上で大変でもあり、楽しくもあるイベントが出張である。中には出張どころかオフィスの外に全く出ない仕事をしている方もおられると思うが、各地に取引先や自社の拠点がある会社に勤めている方などは、頻度《ひんど》の多寡《たか》はあれ、何らかの形で出張をしているだろう。

出張の楽しみの一つは、宿泊先選びである。遠い昔には、出張をすると領収証不要で一律いくらという形で経費が払われるため、カプセルホテルやサウナに泊まって差額を貯めるようなこともあったと聞くが、以前ほど企業業績もよくなく、会社経営の透明性の必要性も高まっていることから、基本的には領収証に基づく宿泊費分の実費が会社から精算される。バブル崩壊後に社会人になった私から見れば当然と言えば当然なのだが、一定年齢以上の方には、古きよき時代の宮仕えの役得として思い起こされる人もいるかもしれない。

私も出張は少なくないほうである。宿泊先は、同じ場所に何日もいるなど、ホテルを事務所のように使う必要がある場合には広めの快適なホテルを利用する。しかし、多くは1泊であり、それも、東京発最終の新幹線や飛行機に乗って、夜中に現地入りするようなスケジュールがほとんどだから、ホテルは最低限の快適性を備えていさえすれば、あとは駅から近くて安いところ、という理由で選ぶことが多い。

その中で、よく利用するホテルの一つに、「アパホテル」がある。特徴のある女性社長がCMに出ていたこともあり、ご存知の方も多いと思う。中に入ってみると、多少風変わりな宣伝物があるものの、フロントの対応はしっかりしており、部屋もそんなに広くないが清潔で空調も快適である。立地もいいことが多い。

ただ、1万円弱で選べる予算で、上記のような特徴を備えたホテルは他にもたくさんある。にもかかわらず、なぜ、私がアパホテルを多用しているかと言えば、それは「大浴場がある」という理由である。アパホテルのウェブサイトを見ると、全てではないがほとんどのホテルには大浴場があり、中には露天風呂のところもある。

しかも、大浴場は無料である（と書かれているが、料金に含まれていると捉えるのが妥当だろう）。

ビジネスホテルの風呂は、たいていがユニットバスである。長距離移動で疲れた体を休めるのに、あの小さな浴槽に身を縮めて入っても、なかなか疲れが取れるものではない。「ビジネスホテルというのは、そんなものだろう」という声が聞こえてきそうであるが、同じホテル代を払うならば、少しでも快適なホテルを選びたい。さらに快適な環境がいい仕事につながるのは疑いの余地がない。

当然ながら、2万も3万も出せば、もっと快適なホテルに泊まれる。そうすれば、バスタブは足を伸ばせるほど広く、バスソープ（お湯を張る前に入れると泡風呂になる）なんかも楽しめる。部屋も広く、天井も高い。壁が厚くて隣の声は気にならないし、廊下のカーペットは毛足が長く、廊下を歩く人の足音も聞こえない。さらには、ちょっといい香りがホテル全体に漂《ただよ》っていたりする。

しかし、1万円以下で不快にならない程度に寝られればよいという条件であれば、贅沢《ぜいたく》は不要である。要はプライオリティをどこに設定するかということだ。

私は何もアパホテルをお勧めしているわけではない。部屋は決して広くはないし、壁も薄いので隣の音が聞こえることもある。

ただ、アパホテルには無料の大浴場がある。寝るだけのビジネスホテルを選ぶ私のプライオリティは大浴場というだけの話だ。

そういう意味では、「スーパーホテル」（株式会社スーパーホテルによるビジネスホテルチェーン）もお気に入りだ。公共交通機関の便が悪く、クルマでしかいけない出張先のロードサイドによくあるのだが、５０００円で天然温泉が付いているのが、ありがたい。

33時間かかる仕事を劇的に短縮した仕掛け

アパホテルやスーパーホテルなどの大浴場――。

実は、これは客にとって嬉しいだけでなく、**ホテル側にとっても嬉しい**ことである。

大浴場があっても、各部屋にはユニットバスが付いている。大浴場は24時間開いているわけではないので、夜遅くに帰ってくる人や共同浴場が苦手な人は部屋に付いているユニットバスを使う。しかし、大半の客は大浴場を利用するので、部屋のユニットバスは使われない。

ここに、ホテル側も得をするヒントが隠されている。

どういうことかというと、**部屋の掃除をする工程を省くことができる**のだ。

まずは、ユニットバスの清掃である。通常、ユニットバスの掃除には10分程度かかる。浴槽を洗って、せっけんのカスを取る。排水溝の髪の毛を取り去る。シャワーカーテンも水を流すだけじゃなくてスポンジで洗う。最後に、浴槽や壁に付いた水滴もきれいに拭き取らなければいけない。ちょっと想像するだけでも、大変な作業だ。

たとえば、ワンフロアに20室あり、10フロアあるホテルならば、部屋数は200室になる。200室のユニットバスの掃除に、1室当たり10分もかかっていたら、単純計算でも合計2000分（33・3時間）もかかる。チェックアウト9時頃から次の客が来る15時頃までの6時間でそれを完了しなければならないとすると、最低でも6人必要になる。

しかも、掃除は毎日のこと。毎日満室という状況はあり得ないかもしれないが、ユニットバスの掃除だけ見てもハウスキーパーがそれくらい必要だということである。

ところが、大浴場があれば、全ての部屋のユニットバスを掃除する必要はない。大浴場の掃除だけで済む。さらに、タオルは補充するだけで済む。使ったタオルは大浴場で返すからだ。髭剃りも、場合によっては歯ブラシも大浴場で使うので、部屋の中で捨てるゴミが減る。このように、ハウスキーパーの作業量が相当減る。また、結果的にトータルの水道高熱費も安くなるかもしれない。

客の立場からすれば、ユニットバスで風呂に入るよりも気持ちがいいし、さらに露天風呂ならば、家の風呂よりも贅沢な気分を味わえる。それだけで出張した甲斐があったと思えるくらいである。

デメリットと言えば、わざわざ部屋を出て大浴場に行かなければいけないというのはあるが、これらメリットの前には霞んでしまうだろう。

ホテル側から見れば、無料の大浴場を提供するというサービスは、一見コスト増と思うかもしれない。しかし、実際は**人の動きの効率化というプラスの効果が生まれている**のである。

これも、ゴルフ場の朝食無料サービスと同様、「損してトク取れ」方式だ。お互いにWIN－WINの関係でないと、この方式が成り立たないのは言うまでもないだろう。

餃子の王将が半額サービスをする理由

私は最近よく「餃子の王将」を利用する。

最近になって久しぶりに訪れたとき、店内の清潔さ、店員のてきぱきとしたサービスなど、餃子の王将のすばらしさを実感したからだ。

その様子は前著『残念な人の思考法』に書かせていただいたので、ここでは割愛《かつあい》させていただきたい。

何はともあれ、テレビでの報道が増えた２００９年頃から餃子の王将に行く機会が多くなったのだが、気に入っているのが**毎月２回ほど行われる格安サービス**である。

たとえば、レバニラ炒めや八宝菜、カニ玉など、ある特定のメニューが半額ほどの値段で提供されるのだ。さすがに原価割れはしていないと思うものの、「集客手段としては破壊力あるよねー」と感動しながら、何度もこのサービスを利用させてもらっている。

食事というものは、１品当たりいくらというよりは、「この店で食事をするといくら」

という感覚で利用する面がある。半額サービスの日は通常価格よりも格段に安いわけだけれど、280円だけで帰るのは何となく気が引けるのは私だけだろうか。餃子を1人前多く注文する、ラーメンじゃなくチャーシュー麺にするなどして、結局払う値段はいつもと同じかそれ以上、となってしまうこともある。要するに、一般的な利用顧客増と客単価のアップの優れた例の一つ、くらいに考えていた。

しかし、そんなありきたりの考えで半額にしているわけではなかった。

それを知ったのは、『日経ビジネス』(2010年7月5日号)を読んでいたときのことだった。

そこには王将フードサービスの大東隆行社長のインタビューが掲載されていた。ご存知の通り、餃子の王将は絶好調だ。売上高が34カ月連続プラスを続けるなど、今最も勢いのあるレストランチェーンと言って間違いないだろう。

そんな王将も不遇の時代があった。大東氏が社長に就任する2000年4月時点で、470億円を上回る有利子負債を抱えていた。大東社長いわく「潰れるか潰れないかの瀬戸《せと》際《ぎわ》だった」らしい。

1990年代の王将は、ファミリーレストランに対抗するため、多店舗展開を経営戦略に掲げていた。均一の商品を提供するため、工場で料理を加工してから店舗に送るセントラルキッチン方式を採用していた。

一見すると、効率化を図ったセントラルキッチン方式は正しい戦略だと思ってしまうが、結果的には王将の魅力を消してしまった。「王将の強みは、安くてうまいだけでなく、手作り感だ」と大東社長は述べている。

そこで、社長に就任した大東氏は、セントラルキッチン方式を止め、各店舗で調理する昔ながらの王将のスタイルに戻したのである。

原点回帰と言ってしまえば、それまでであるが、ここで問題が発生した。長い間セントラルキッチン方式に慣れてしまった従業員は、一から料理をつくる調理技術を持っていなかったのである。

そこで考え出された策が、毎月2回、あるメニューを格安で提供するサービスだったのだ。

特定のメニューを格安にすると、当然ながら、そのメニューの注文が多くなる。つまり、そのメニューばかり大量につくっていると、**自然と調理技術が向上する**というのだ。サービスメニューを毎月変えていけば、そのうち全てのメニューで調理の腕が鍛えられることになる。

もし従業員を研修センターに集めて、あるいはトレーナーが店を回って徹底的に訓練させようとしたら、莫大なお金がかかる。時間もかかるだろう。もちろん、トレーニングは行っているのだろうが、短い時間で「徹底」することはできない。徹底するには経験が必要だからだ。

だから、**価格を半額にしてでも、現場で鍛えるほうがいい**と考えたのだ。苦肉の策だったのかもしれないが、これこそ「損してトク取れ」方式だったわけである。

客の立場からしたら「なんていいサービスなんだ」と思うようなことでも、裏には企業の狙いが必ず隠されている。そのような**裏の狙いを探るのも、楽しんで仕事をするためのよい訓練**になるだろう。

雑誌の記事を読むまで気付かなかった私も、まだまだ修業中ということである。

従業員のプロ意識を高めたスキー場の斬新なサービス

スキー場の昼食はまずい――。

これは、一度でもスキー場に行ったことがある人なら誰でも経験のあることだろう。一度ゲレンデに行ってしまうと、他で昼食を食べる選択肢がないので、仕方なくゲレンデに併設されている食堂みたいなレストランで食事をする。

スキー場にとってプライオリティが高いのは、コースの整備やリフト・ゴンドラの安全整備、スキー用具などのレンタル、スクールの充実などである。昼食の「味」のプライオリティは低かったと言えるだろう。あるいは、スキー場そのものは他のゲレンデと競争しているが、中で働いている人は自分たちが独占的な供給者だと思っているのかもしれない。競合がないと、どうしても残念な仕事の仕方になってしまうものである。

そのため、ありきたりのラーメンやカレーライス、カツ丼などの丼がメインメニューのところが多い。客もそういうものだと慣れているので、文句も言わず食べている。

私もそんなものだろうと思っていたが、そんな**昼食を逆手に取って「損してトク取れ」方式に応用した例**がある。

それは、スキー場「アルツ磐梯《ばんだい》」の話である。

『星野リゾートの教科書』（中沢康彦著・日経ＢＰ社）によると、星野リゾートがアルツ磐梯の運営に乗り出したのは２００３年のことだ。

経営が行き詰まったアルツ磐梯の運営を任された星野リゾートの星野佳路社長は、もともといたスタッフのサービスの意識を改善したいと考えた。スタッフの誰もが顧客満足度を考えたことがないように感じたからである。

そこで考え出されたサービスが、スキー場のレストランのカレーライスに付けた「おいしさ保証」だ。

カレーライスを食べた人が「おいしくない」と感じたら、いかなる理由であっても返金に応じるという品質保証サービスである。

星野社長は「お客さまが大きな不満をもつゲレンデのレストランこそ、１００パーセント保証を取り入れる意味は大きい。アルツ磐梯のサービスへのこだわりをお客さまとスタッフに伝えよう」と書籍で述べている。

当然ながら、スタッフからは反対の声が上がった。「おいしくない」と言って、代金を取り戻そうとする客が続出するのではないかという懸念があるからだ。

しかし、その裏には、自分たち自身がカレーライスの味に納得していないため、不安が先行しているのではないかとも想像できる。

実際、カレーライスに「おいしさ保証」を付けることが決定してからは、**スタッフは自ら進んで味の改良に乗り出した**そうだ。

「おいしさ保証」は本当に導入された。開始して数日後、「返金してほしい」と申し出た若い客が現れた。理由を聞いてみると「ご飯がベトベトだから」と言う。早速スタッフが確かめてみると、炊飯器が老朽化していて、ご飯がしっかりと炊けていないことがわかった。

通常、こういった業務ミスはスタッフが気付くべき問題である。しかし、普段から顧客満足度を考えていないスタッフは、残念な習慣に慣れてしまっているため、客から言われなければ気付けない。

すぐに新しい炊飯器に変えることになったが、これがスタッフの行動を変えるための第一歩になった。

客よりも**自分のスタッフにサービスの意識を浸透させることが、真の目的だった**とも言えるのではないだろうか。

勉強は、お金を「払って」するのではなく「もらって」するもの

餃子の王将の場合、格安サービスを行うことで、**スタッフの調理技術を向上**させた。アルツ磐梯の場合は、「おいしくなかったら全額返金する」というサービスで、**スタッフのサービスマンとしてのプロ意識を向上**させた。もちろん、カレーライスの味を極める結果にもつながった。

アルツ磐梯のカレーライスはレストランの人気メニューになり、1シーズンで10万食を

提供するほどにまでなったそうである。

ちなみに、返金を訴えた客は10万食のうち、たった10件程度だったそうである。アルツ磐梯の新しい目玉が誕生したということだ。

二つの例から言えることは、お金を「払う」のではなく、「もらって」するのが真の勉強であるということだ。勉強はお金を払ってするものだというのが一般的な認識であろう。先の二つのレストランで言えば、研修所で訓練し、合格証書をもらってから店に立つ。あるいは、社長からカレーの味に合格印をもらってから客に出す、というのがこれまでの常識であったろう。しかし、このやり方では常識的な成果しか望めない。高い成果を上げる人間は、自分の中に持っている品質基準が高い。いや、品質基準が高くないと、高い成果は出ない。

しかし、全ての人が品質基準が高いわけではない。人が見てないとサボってしまう、疲れるとすぐに休んでしまう、うまくいかないとあきらめてしまう。だから、そういう人たちに考えてもらうためには、プレッシャーが必要なのだ。客に怒られる、お金を払ってもらえない、というプレッシャーである。研修室でこのプレッシャーを演出することはできない。

我々の勉強も然《しか》りである。英語を勉強してから英語を話す環境を探すのではなく、英語を話さなければならない環境に身を置く、あるいはつくるのが先である。**仕事においては、勉強→実践ではない。実践→課題の発見→勉強の順番が常に正しいのである。**

客のサービスになることだけではビジネスにならない――。

実践によって勉強するためには「ケチ」でなければならない。客の望む通りにサービスすれば客は喜ぶが、結果的にコストが上がる。これは当然だ。かといって、お金を使うな、時間をかけるな、ということではない。

結果を出す人は、どんなことでも「自分たちのメリットになることはないか」を一生懸命考えている。転んでもただでは起きないことが習慣化されているのだ。

客と会社の両方がＷＩＮ－ＷＩＮになるためには、一見損だと思うことでも本当にそうなのか、得をすることはないのか、とことん考える必要がある。これが、「損してトク取れ」方式の本質だ。

「呼び出しボタン」が招いたファミレス店員の残念な習慣

私はファミレスをよく利用する。我が家には男ばかり３人の子どもがいるため、いろんな意味で気楽でよい。「ファミリー」以外でも利用する。ちょっとした出張でクルマで移動するとき、メールを見たり時間調整をしたりするには、大変ありがたい場所である。加えて、初めての土地に行くとどの店に入ってよいかわからないけれど、勝手知ったるブランドの店は安心だ。世界中どこでもマックとケンタッキーがあるが、アメリカ人の気持ちもわからないではない。

このようにファミレス好きの私であるが、ここ10年くらいのイノベーションの一つに、「呼び出しボタン」がある。

長く続くデフレの下《もと》でも店の利益を確保するためには、少ないスタッフの人数で回さなければならない。顧客の財布の紐はますます固くなるのにサービスレベルに対する要求は上がる一方である。ところが、アルバイトの入れ替わりは激しい。採用したアルバイトは、最短で即戦力になってもらいたい。しかし、従業員の習熟度が上がるには相当の時間を要する。サービス業は簡単なようで奥が深い。だから、習熟度の低いアルバイトでも十分なサービスが提供できるよう、仕組みを設計する。

その答えの一つが、呼び出しボタンシステムだ。客が呼び出しボタンを押すと「ピンポーン」という音がする。従業員は「はい、ただいま」と大声で呼応する。カウンターの上に設置された掲示板に、テーブル番号が表示されるので、従業員はそれを確認してテーブルに走る。

私も高校生時代に飲食店でアルバイトしていたことがあるのでよくわかるが、ホール全体の客の挙動に目を配るのはかなり大変だ。店には暇な時間帯があるのだが、その時間帯は裏でトレイを拭いたり、箸やスプーンを整理したりと、結構やることがある。仲間といつい雑談しながらやっていたりすると、客に呼ばれても気付かない。大声で機嫌悪そうに呼ばれて、やっと気付く。片付け中に隣のテーブルから注文で呼ばれたり、食器を下げていると水をくださいと頼まれたりするが、忙しいときにはいろいろやっているうちに忘れてしまいがちになる。

だから、呼び出しボタンは従業員にとっても客にとっても非常に効率的なコミュニケーションツールになる。

しかし、である。私はこの、**「呼び出しボタン」が大の苦手**なのだ。

店に入れば、店員と客という関係なのだが、店員も人間である。私が客でも、たまたまそういう関係にあるだけであり、客だからといって偉そうにするのはスマートではないと思う。働いている人にはリスペクトを持って接したい。だから、あのボタンを押して人を呼ぶというのがどうしてもできない。少なくとも私はボタンで呼ばれたいとは思わない。

「電話が鳴ったら出るじゃないか」と言われると、確かにたいした違いはないような気もするが、目の前にいる人に対するピンポーンがとにかく苦手なのだ。

さて、この呼び出しボタンにはデメリットもある。**「呼ばれたら行く」ではなく、「呼ばれないと行かない」という従業員の習慣を強化してしまったのではないかと見ている。**

まず、大前提としてファミレスの従業員はサービスを提供する役割である。飲食店のサービス担当者であれば、常に客の動向に注目していなければいけない。

ホテルのコンシエルジュは、「トンボの目とダンボの耳を持て」と言われるほど、目だけでなく耳などの五感を研《と》ぎ澄《す》ませて客の要望を察知する。顕在化《けんざいか》している要望だけでなく、潜在的な要望までも読み取ることができるのが、一流のコンシエルジュだと言われる。

ファミレスのホール担当者にホテル並のサービスを期待すべきかどうかは議論の分かれるところであるが、ファミレスの場合、接客の基本である「目で客を見る」という行為が失われてしまったと思う。

その原因が、「呼び出しボタン」にあるのではないか。

呼び出しボタンを導入した当初は、画期的なサービスだった。業務がスムーズになるので、少ない人数でも店を回せるようになったかもしれない。そういう意味では、呼び出しボタンは客もファミレスもＷＩＮ－ＷＩＮなサービスだったと言える。

しかし、慣れとは非常に恐ろしいものである。

呼び出しボタンに慣れてしまうと、今度はボタンを押されない限り、注文を取りに来ないという現象が起きているのだ。しかも、ファミレスのホール担当は、フロアで目を光らせる必要性が低下した。
これでは、本末転倒である。
飲食店のアルバイトがどういうものであるかというのは、先述の通りよく理解している
つもりである。しかし、「トンボの目、ダンボの耳」の重要性を従業員に腹落ちするまで
伝えることは、店長として、会社として絶対に忘れてはならないことなのではないか。
しかも、先ほど述べた呼び出しボタンのプロセスの中には、人間が介在しない。データ
のみが機械的に交換されている。働くということは本来的に尊《とうと》いことだと思うが、名前
も呼ばれず、声もかけられず、ボタンで呼ばれる仕事にプライドを持てる人間が果たして
どれくらいいるのだろうか。
サービス向上のために生まれた呼び出しボタンであった。しかも、それは当初は補助的
な位置づけであったであろう。しかし、それが定着するにつれ、考えなくても仕事ができ
る人間を生み出し、また意欲の低い人間の考えない習慣を強化する結果になってしまった。
これは、**強みがあるゆえに生み出してしまった弱みの例**である。また、こういった情報
システムによる効率化が盛んに行われてきたことが、考えない人間をどんどん生み出して

いる。これからの情報システムには新しいコンセプトが求められるのであろう。

できる人は、効率的かつスピーディに仕事を進めると同時に、相手と自分両方にメリットを考える。それは、本章の事例で説明した、「損してトク取れ」と標準化（第4章で解説）とである。しかし、それらを追求する過程で、かならず新しい仕組みを取り入れたが故のデメリットが発生してしまう。だから、仕事に完璧はないし、終わりもない。考えるということは、人や会社が存続する限り永遠に続くプロセスなのである。

第2章

コミュニケーション編

残念なメールは金曜夜にやってくる

他人とうまくやれない人は他人との折り合いが悪いのではなく、実は自分との折り合いが悪いのです。

ジョセフ・マーフィー

『マーフィー珠玉の名言集』（産能大学出版部）より

昼間から疲れを想起させてはいけない

最近、「お疲れさま」という挨拶《あいさつ》をよく耳にする。新入社員の頃、「お疲れさま」と「ご苦労さま」の使い方を教えてもらった記憶がある。「ご苦労さま」は同輩以下に「お疲れさま」は目上の方に、という具合だったと思うが、いずれにしても、ある程度の時間を一緒に過ごした後、帰り際《ぎわ》にかける表現だと思っていた。

ところが、廊下ですれ違うなどしてその日に初めて会った人から出会いの挨拶として「お疲れさまです」と言われることがある。電話に出てもそう言われる。一日の出会いの挨拶は「おはようございます」「こんにちは」「こんばんは」だと思う。少し崩しても「どうも」「ちわっす」「よう」「調子どう?」くらいではなかったか。

私はこの、「お疲れさまです」という挨拶が苦手である。つい、「いや、全く疲れてません。楽しくてしょうがないです」と返したくなってしまう。

周りの人には言わないでほしい、とお願いしているのだが、クセでつい出てしまうらしい。最近では、メールの冒頭にも「お疲れさまです」と書かれていることもあり、面食らってしまう。

もちろん、「お疲れさま」には、「仕事大変ですね、頑張りましょうね」という意味合いが込められていることは理解できる。相手を気遣うきわめて日本的表現で、我々日本人の美徳が表れていると言えるかもしれない。

しかし、「疲れる」はネガティブ表現である。前向きに物事を進めたいときに、ネガティブ表現を使わない、あるいは耳にしないというのは基本中の基本だ。

旅行番組を見ていると旅に出たくなるし、スーパーに行くとちょうど惣菜売り場にたどり着いた頃に空腹を感じる。集中して仕事をしているときに、ラジオから「今日も猛暑が続いています」と耳にすると急に暑く感じたりする。

加えて、別に疲れていないし、仮に疲れていたとしても好きでやっている仕事だから労《いた》わられる筋合いはない。

この表現には、仕事はつまらない、やらされてやっている、という思いが背景にあるような気がしてならないのである。「あんまり無理しないでね」という意味合いも込められているかもしれないが、楽しいことを長時間やることは無理にはならない。仕方なく荷物を運ぶために2時間運転するのは疲れるが、仲間との楽しい2時間のドライブは疲れない。

何を細かいことを言ってるんだ、という反論もあろうが、細かいことこそが重要だ。特に使う言葉は慎重に選ばなければならない。なぜなら、発せられた言葉は人の奥深くにある人生観を表すものだし、また自分が発した言葉によって自分自身も影響を受けるからである。

「どう思う？」と質問する残念な人

ある飲み会で知り合った友人のM君によると、彼の上司はひどいと言う。彼は化粧品会社に勤めていて、5年間地方の拠点で営業をした後、本社に戻されて商品企画のセクションに配属された。何がどうひどいのかと尋ねたら、こんな話をしてくれた。

新しい口紅の商品企画会議の場で、ホワイトパール風のデザインと、漆塗《うるしぬ》り風の少しエンジがかったデザインの二つを候補として検討していた。

デザイナーがつくってきた試作品はどちらも美しく、魅力的だ。A案もB案も甲乙《こうおつ》つけ難く、他のメンバーは好き勝手に意見を言っているように見えた。新しい部署に来たばかりなのでM君は少し遠慮していたのだが、部長がこう振ってきてくれた。

「M君はどう思う?」

「私はA案がいいと思います。自分なら、A案の商品を買うと思うからです」

彼は素直にそう答えた。ところが、その部長は突然激怒したのである。

「お前の意見など聞いていない!」と。

私にその話をしたときのM君はかなり怒っていた。「自分の意見を言え」と言われて、自分の意見を言ったら怒られたのだから、M君が怒るのも無理はない。

しかし、この話を聞いて私は、M君も部長ももう少しうまくやればいいのにな、と思った。

部長がまともなビジネスパーソンであるとすれば(おそらくそうだ)、M君に求められていた発言は「あなたならどうするか、という個人的な意見ではなく、あなたはマーケットをどう見ていて、その仮説の中でこの商品がどういう風に受け止められそうかを話せ」

ということではないかと思う。化粧品のことには私は詳しくないが、想像するに、「ターゲットとする顧客層が、その商品を他のものと比較する際にどう映ると思うか、そのデザインは今の時代性から見て、どういう受け止められ方をすると思うか、それで、結論としてはどうなのか……」といった組み立てである。

質問には、必ずその前提条件がある。

この例で言えば、「M君はどう思う?」の中には、「マーケティング的に考えると」という前提条件が隠されていたのだ。

とはいえ、M君は5年間の営業現場で、このような考え方を訓練されていなかった、あるいは馴染みがなかったのだろう。だから、本来であれば、質問する側がきちんと前提条件を伝えなければいけない。だから、部長の質問の仕方もよくない。

しかし、ビジネスの現場では「どう思う?」の前提条件が明確に語られないことが多い。ある意味、何をどう話すかは暗黙の了解として処理されているからだ。

残念な人は前提条件を踏まえずに答える——。

逆に、仕事ができる人は「この人は何を聞きたいのだろう?」「どういう言い方をすれば、喜ばれるだろう?」ということを瞬時に察知する。

たとえば、自分の意見を述べる前に、自分から前提条件を確認する手もある。「私の個人的な意見で言えば……」「30代女性の立場で考えれば……」といった前置きをしてから発言する。それだけで、上司の印象は変わってくるはずだ。

ただし、少し注意が必要だ。中には、「俺がいいと思っているほうを当てろ」的な状況もあるからだ。

自分はB案のほうがいいと思っていたのに、部下から「A案のほうがいい」と言われて「センスないなー」と馬鹿にするような上司だ。

そういう上司の下で仕事をすると、どこを向いて仕事をしているのかわからなくなる。

自分の目の前にいるのは、顧客ではなく上司だ。だから、「上司を喜ばそう」「上司に怒られないようにしよう」という意識が、部下の残念な習慣をつくり出すこともあるだろう。

メジャーリーグのインタビュアーに学ぶプロの質問力

最近、音楽をやっている友人がCDを制作したときのことだ。CDのジャケットをデザイナーにつくってもらったようだが、あがってきたデザインを見せられて、「山ちゃん（私の愛称）、どう思う？」と聞かれたのだ。

そこで考え込んでしまった。個人的な意見を聞きたいのだろうか、それともマーケティング的な意見を聞きたいのだろうか……。さらに言えば、単純に自慢したいだけという場合もある。

私は、「どう思う？」という質問が苦手である。

「どう？」にもいろいろある。

久しぶりに会った友人に「最近どう？」と聞かれるくらいはよい。近況を話してよ、と言うことはわかる。あるいは、プロジェクトのＧｏ／ＮｏＧｏを議論しているときに「どう思います？」と聞かれたら、賛成か反対か答えればよい。

しかし、文脈がわからず、「意見」を求められるような「どう思う？」は答えるのが難しい。そういうときには逆に、「どうって、どういうことですか？」と聞きたくなってしまう。あるいは、「思う」とも聞かれているので、気持ちや感想を期待しているのかな、とも考えてしまう。

「どう思う？」と聞かれても、どう答えたらいいかわからない。質問の意図がわからないとき、勝手に想像して答えてはずしてしまうのも時間の無駄である。

これは非常に困る。「いったい自分は何を求められているのだろうか」といった自分の根源を揺るがすようなものでもあるからだ。逆も同じで、自分から質問しているのに「自分は何を求めているのか」がわからなくなることもある。

つまり、**「どう思う？」と質問する人も、それに何も考えずに答える人も残念**ということである。

まず、答える側の立場として、「どう思う」と聞かれたら、必ず「○○という観点では……」あるいは「○○という条件で、賛成か反対か、という意見でよろしいでしょうか」などと、確認するなり質問するなりはしたほうがよい。

このワンクッションを置くのは一見話が長くなりそうに感じるかもしれないが、それは逆である。長い話というのは、興味のない話、意図と外れた話である。落語は30分通しで聞けるが、つまらない話は2分も聞き続けられないのと同じである。相手の質問の意図にマッチした話は、決して長いとは感じられない。むしろ、長いほど新しい情報や意見を聞くことができてありがたく感じることもある。

だから、いきなり内容を話し始めるのではなく、「こういう観点で答える」「こういう質問ということでよろしいですか」と前提条件を確認すべきである。

一方で、質問する側は逆である。答えるべき内容がよほど明確でない限りは、「どう思う？」という質問は避けるべきだ。何を聞きたいか具体的に言わなければならない。それは、相手のためだけではない。自分が的確な答えを聞き出すための近道なのである。

ただし、的確な質問をするのは難しい。的確な質問が考え出された時点で、自分の考えは相当整理できているからだ。常にそういう認識を持った上で問いを発するようにしたいものである。

余談であるが、どうもこの「どう思う」にはテレビの影響がよくない方向に出ているような気がする。たとえば野球の中継におけるヒーローインタビュー。

「あの場面でホームラン！　そのときの気持ちは？」

「いやぁ、やったー、って気分です。ファンのみなさんの応援のおかげです！」

（観客：ウワー）

「今日は娘さんの誕生日。すばらしいプレゼントになりましたね！」

「〇〇ー（娘の名前）、お父さんやったよー」

まぁ、野球のヒーローインタビューとはこういうものだと思えば、そうかもしれない。しかし、アメリカのメジャーリーグや、ゴルフのＵＳＰＧＡツアーの試合などのインタビューはかなり違う。インタビュアーは、ゲームが動いた状況で何を「考えていたか」を聞くことが多い。“What were you thinking?”という質問である。聞かれた選手は、その状況に対する自分の解釈と、とった行動の背景にある考えを説明するのである。

どちらの国でもスポーツ中継はファンの裾野が広いが、これだけの違いがあると、考えるということにおいて彼我《ひが》の差は大きいなと感じてしまうのである。

「○○になりました」という報告はありえない

私が小学校５年生のときである。友達と悪ふざけをしていたら窓ガラスが割れてしまった。すぐに先生に「ガラスが割れちゃいました」と報告に行くと、状況説明を求められた。一通り説明が終わると、急に先生が怒り出した。「ガラスは自然には割れない。ガラスはお前たちが〝割った〟のだ。だから、〝ガラスを割りました〟と報告に来なければならない」と。

ずいぶん昔のことなのでしばらく忘れていたのだが、ここ数年、「なります」という表現をよく耳にするようになって、思い出したのだ。

たとえば買い物に行く。「お会計は980円になります」と言われる。値段は店が独自に決めているのだから、正しくは「980円にしています」だ。しかし、それはさすがに店として非常識だから「980円頂戴《ちょうだい》します」、または「お願いします」が普通だろう。

1000円札を出すと、「おつりは20円になります」と言われる。もともと決まっている金額があり、計算の結果20円以外はあり得ないのだから、「おつりは20円です」あるいは「20円お返しします」のほうが私には自然に聞こえる。

「なります」という表現は自分の意図とは関係ない、決まっていることだ、という主体性のなさを感じさせる。確かに、店員は店が決めた値段で売っているに過ぎないので、本人の気持ちとして、「(あなたはこれが高いと思っているかもしれないけど、この値段で決まっています。値引き交渉されてもできません。だから) 980円になる (んです。これで納得してください)」と表現したいのはわからないでもない。しかし、客からしたら店員のことは店と一体として見ている。だから違和感がある。

店員が言うのはまだ仕方ない。しかし、自分が決められる立場にあり、その結果を話すときに「なります」という言い方をするのは、どう贔屓目《ひいきめ》に見ても、主体性を持って仕事をしているようには思えない。

たとえば、「値段が10万円になりました」と報告する人がいる。

正規の値段は12万円だが、取引相手と協議した結果10万円になったようなケースだ。

この「なりました」という表現は絶対におかしい。

重要なので繰り返すが、「なる」というのは、自然になることであって、そこに人間の意図が入ることはない。だから、自然と10万円になることは決してない。

12万円のものが10万円になったからには、必ず意図があるはずだ。取引先との話し合いの結果、先方の「2万円下げてほしい」という要求を呑んだから、10万円に落ち着いたのである。

「10万円で合意しました」と言うのならわかる。

「私が値段を10万円にした」のであって、「自然に値段が10万円になった」のではない。**責任を曖昧《あいまい》にしている**とも言えるのだ。

言語明瞭、意味不明瞭

「言うまでもなく、ある意味におきまして、そのようなことも必要ではないかということを承知しており、また確信もしておりますが、しかしながら、一方におきまして、必ずしも、国民のみなさまがどのように思われているのか、ということに対しても、十分に議論を重ねていくべきではないか、というご意見も頂戴しておりますので、ワタクシといたしましては、現時点で、また今後の推移を見守りながら、改めてご説明させていただくことも、可能なのではないか、という思いで、全力を挙げて努力しているところでございますから、当然のことながら、いたずらに先延ばしする気はありません」

友人から面白いと言って転送されてきたメールに書いてあった言葉である。

これは某元首相の話し方をヒントにつくられたものと思われる。ものすごく丁寧な言葉遣いなのだが、何を言っているのか、何度読んでも意味がわからない。

少し前にＫＹとか空気を読むとかいった表現が流行っていたが、空気を読んでばかりいると、誰でもこのような話し方になってしまう。だから、永田町だけでなく、オフィス街でもよく耳にする。

こういう表現は「言語明瞭、意味不明瞭」と言われている。もともとは、国会答弁などでハキハキと発言するが、文章全体の意味がつかめない竹下登元首相を揶揄《やゆ》する言葉として使われ始めたようだ。

こうなってしまう理由は、自分の意見がない、あるいは意見があっても、**同調性や協調性ばかりが重視される結果**、意見を言いづらくなってきているからであろう。うがった見方をすると、意見はあるけれど、反論されてまで貫き通すほどの信念を持ち合わせていない、ということかもしれない。

もちろん、政治家や官僚の場合、あえて意味不明瞭に言っているケースがある。失言を恐れるあまり、本音を言えない。また、結論を言いたくない場合も多い。ビジネスの世界でも、社内ではハキハキ明確に話す社長が、対外的にははっきり話さないことがあるのは、同様の理由だ。

しかし、日々の仕事の世界では「言語明瞭、意味不明瞭」な人は、実にやっかいだ。話し方の基本は5W1H——、Who（誰が）、When（いつ）、Where（どこで）、What（何を）、Why（なぜ）、How（どのように）であるが、それができていない。

また視点を変えれば、**言い訳から入るのも残念な習慣**だ。言い訳をする人は、まさしく状況説明から入る。「自分には非がない」ということを相手に伝えるために、「そうなってしまった原因」を状況から固めていくのである。

たとえば、資料を作成するのが遅れた場合。「急な用事ができたので、先にそちらのほうに手を付けていまして……」などと言い訳をする。相手が知りたいのは「いつまでにできるか」と「どれくらい計画を変更しなければならないか」であって、言い訳を聞きたいわけではない。

また、緊急の用事ができたならもっと早く言ってほしい。もし自分のチームメンバーであれば、先に頼んだ用事とその用事のどちらが緊急かを判断できるからだ。

取引先の場合なら、たとえば「あさってまで待ってほしい」と先に結論を言うべきだ。そう言われれば、「いや、今日までに絶対にないと困ります」と答えるか、「あさってでもいいですよ。ところで、何かあったんですか？」と答えるかのどちらかになるだろう。

遅れたこと自体に腹が立つよりも、**言い方に腹が立つ**という経験は、誰にでもあるのではないだろうか。

相手に「いえいえ」と言わせるな

前著『残念な人の思考法』で、「いえいえ」ということについて少しだけ触れた。

金融商品の営業マンが電話をかけてきたとき、私が「すみません、お金がなくて困っていまして……」と言うと、先方は決まって「いえいえ」と言うのが不思議で面白いといった内容である。

前著を読んだ友人に「『いえいえ』が面白かった。でも、なんで『いえいえ』って言ってしまうのだろう」と言われ、確かに、と思った。

「お金がない」というのは、わざと言っているのだが、とても嫌味な言い方である。そう言われた先方は、「いえいえ」としか答えようがない。どう答えたらいいかわからないからだ。「そんなことないですよ」と言われても、「お前に何がわかる」と言ってしまいそうだ。

「そうですか。わかりました」と言えれば楽なのだが、営業マンも簡単に引き下がれないので、すぐに了承することはできないのだろう。

つまり、**嫌な言い方というのは、相手がどう答えていいかわからない言い方**なのだ。

こういった嫌な言い方は他にもある。

たとえば最近、よく写真を撮っていただくのだが、ご多分に洩れず私も写真を撮られるのが苦手である。「すみません。僕は写真写りが悪いんで」と言うと、やはり「いえいえ」と言われる。それを繰り返しているうちに、なんだかとても無駄なやり取りのように思えてきた。

実は、**「いえいえ」と答える人が残念なのではなくて、相手に「いえいえ」と言わせている私が残念だった**のである。

相手に「いえいえ」と言われるような会話はいらない、ということだ。

WHO、WHAT、HOWと役職の関係

相手の役職によって、プレゼンの内容は変わって当然だろう。

たとえば、プレゼン相手が担当者と役員では、全く違う。相手が担当者ならば、かなり細かいところまで話をするだろうし、役員が相手ならば、もっとざっくりとした内容のことを話す。

もう少し言えば、担当者は「どうやってやるのか」という知識と方法が知りたいだろうし、役員は「どのくらい自社にメリットがあるのか」という結論を知りたいはずだ。

よく見かけるのは、役員に対して30枚くらいの分厚い資料を持って行き、長々と説明している人――。

こういう人はとても残念で、相手が何を聞きたいのかが見えていない。分厚い資料が欲しいのは担当者であって、マネジメント側は結論が書かれた1枚の企画書が欲しいのだ。

私がマネジメントクラスの方と会うときは、その人が好きなことを思い出す。実際によく接している担当者に趣味を確認することもある。なぜなら、最初の何分かは必ず雑談になるからだ。

しばらく最初の雑談をクリアすれば、スムーズに本題に入ることができる。これまでの経験で言えば、初対面であっても、いきなり本題に入ることはない。必ず雑談から話は始まる。

もし相手がブログなどをやっていればその内容をチェックして、趣味や好きなことを把握する。歴史ある大企業のマネジメントで実名でブログをやっているという人はお目にかかったことがないが、業歴10年以内くらいの会社では規模が大きくても創業社長がブログやメルマガをやっていたりするからだ。他にも新聞雑誌のインタビュー記事などを探す。そういう情報が一切取れなかった場合でも、最初の会話で相手が興味あることを探るようにする。

マネジメントと雑談するというのは、商談での前提条件みたいなものなのだ。だから、もし雑談ができないのであれば、まだ自分にマネジメントと付き合う力量がないということでもある。

なぜなら、マネジメントは雑談を通じて、相手の人間性を見ているからだ。相手の人間性、人となりを見て、信頼できる人としか付き合わない。**提案や議論の内容がまともなことは大前提で、人として付き合えるかを見るのがマネジメントの特徴**とも言える。

相手によってプレゼン内容が変わってくるのは、役員と担当者だけではない。役員、部長、課長、担当者でプレゼン内容は変わる。次の図は、これまでの話をまとめたものである。

また、逆に考えれば、自分がマネジメントなのに細かい方法や使い方ばかり気にしてい

相手によって変わるプレゼンのポイント

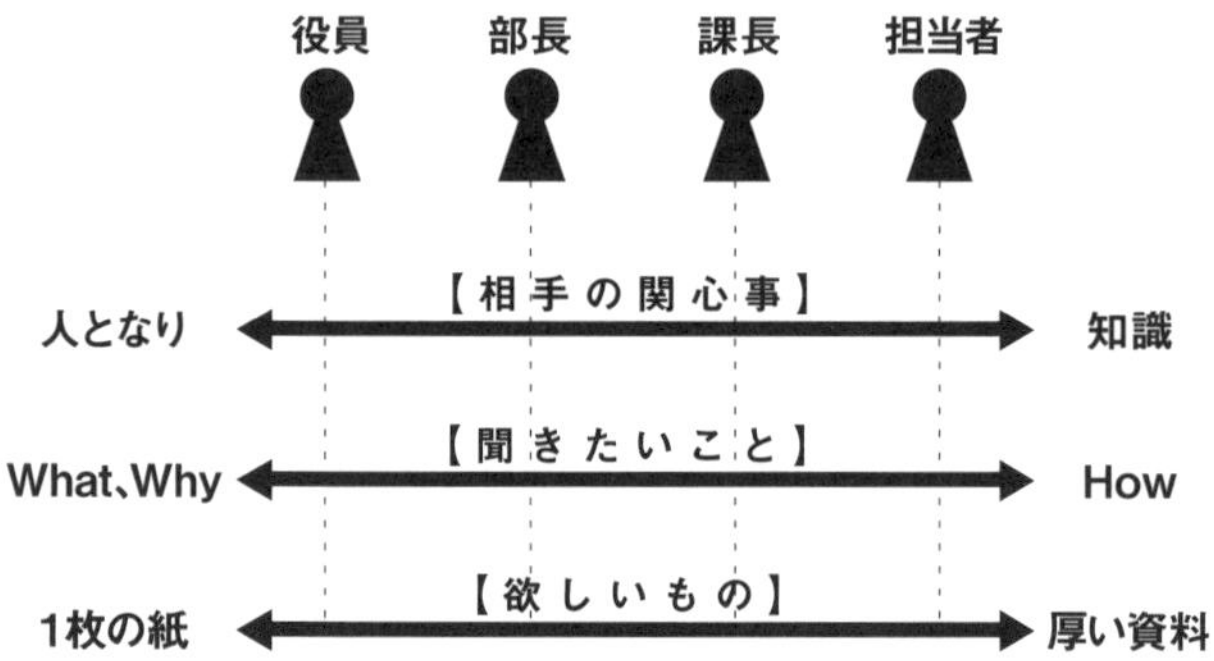

る人も残念だと言える。

「マニュアルがあるのか」「メンテナンスはどうなっているのか」「困ったときにコールセンターはあるのか」など、本来は担当者が気にするべきことばかり聞いてくるのは、残念である。もちろん、会社の成長のステージや規模によっては、役員が細かいことまでやるのが当然なケースもあるが、その場合は細かいことから大きなことまで、守備範囲を広く取り、両極端とも言えることをやらなければならない。ただ、その際には「顔を変える」ことが重要なのは言うまでもない。

相手と**自分の立場、役割を把握して仕事をする**——。当然と言えば当然のことだろう。

金曜の26時50分の悩み相談

経営者仲間の友人と雑談していたときに興味深い話を聞いた。

彼が土曜日の朝、メールをチェックしていたら、ある女性社員からずいぶんと長いメールが届いていた。簡単に言ってしまえば、会社の方針と自分のこれからに関する悩みなのだが、半分以上は愚痴《ぐち》だった。送信時刻を見ると、金曜の深夜2時50分とある。

彼いわく、その社員は会社にとって必要な人材なので、辞められてしまったら大変だ。彼は慌てて彼女のケータイに電話したそうだ。

ところが、である。彼女は「ちょっと今忙しいので」と言って電話を切ったのだ。すると、数分後ケータイからメールが届く。「彼氏と一緒なんで、すみません。お急ぎでしょうか」とある。「おいおい」と内心思いながらも、正直愕然としたそうだ。

一般的にマネジメントは仕事関係で相談されたら、何らかのアクションを起こさないといけないと考えている。逆に言えば、「**相談するということは、何かアクションを起こし**

てほしいから」というのが前提になっている。彼も同じ考えである。

月曜に顔を合わせたときにその件を持ちかけると、彼女は「いや、聞いてほしかっただけなんです」と答えた。

もし友人からの相談なら、そういうこともあるだろう。愚痴を吐くことでストレスを発散させるのも悪くない。しかし、彼女と彼は仕事上の関係である。彼女が困っているのであれば、**何らかのアクションを起こして改善するのが本業**だ。

彼女は決して頭が悪いわけではないそうだ。会社にとって必要な人材であり、どちらかと言えば頭がいいほうである。そういう彼女であっても、こういったメールを送ってくるのは意味がわからない、という話である。

「残念なメール」はやたらと長い

私にも似たような経験がある。開いてドキッとするメールが送られてくるのは夜が圧倒的に多い。下の人からの会社批判、上の人からの問題点指摘、外の人からのトラブル処理の指示などである。

彼女の立場からしたら、仕事の悩みやストレスを吐き出して、スッキリした気分で週末を迎えたいということだったのだろう。ところが、彼からしたら、重たい気分で週末を過ごすことになる。週末も仕事をしていることが多いにしても、あらかじめ何をやるかは決まっている。私から第三者的に見れば**単なるストレスの押し付け**と言っていい。

しかも、メールの文面はやたら長く、書くだけでも1時間くらいかかるのではないかと想像するほどなので、急を要するのではないかと思うのも当然だろう。

この場合は、部下からのメールだが、逆も同じことが言える。**金曜日の夜に上司から来るメール**だ。

前職の上司の1人に、部下に対する改善点や気になったことをメールで送りつけてくる人がいた。顔を合わせる機会も多いのだから、時間をとって直接言えばよいのに、なぜかメールで書いてくる。しかも、決まって夜中だ。翌朝、さてっ、とメールボックスを開くと、重たい感じのメールを読まされ、いきなり憂鬱《ゆううつ》な気分になる。

今では家のＰＣやケータイから会社のメールを確認する人が増えたため、このようなメールに多くの部下が迷惑しているだろう。休日はメールを見ないようにすればいいのかもしれないが、それでも週のスタートの朝には開かなければならないので、同じことである。

メールはよい話と事務連絡、悪い話や相談事は対面で

なぜ、金曜日の夜に送られるメールが残念なのか。

その理由は、**コミュニケーションの目的を考えていない**からである。

ビジネスにおけるコミュニケーションの目的は、最終的には相手にOK／NGの判断をしてもらう、または行動を起こしてもらうことである。そのためには、相手に十分理解してもらわなければならない。理解してもらうためには、相手がそうする準備ができていなければならない。また、そのための環境づくりも必要だ。

私生活ではもっと違うやり方をしているはずだ。ある異性に対して告白するとしよう。何週間も前から計画を立て、他愛《たわい》のないメールのやり取りから始めて、相手の反応を見ながら食事などに誘う。食事も店選びだけでなく、店周辺の環境もしっかりチェックする。

そしてそれっぽい雰囲気を演出した上で、相手の状況を推察しながら、タイミングを見計らって言うべきことを言う。ところが、そういう段階を一切踏まず、金曜の夜にビールでも飲みながらDVDを見ているときに、いきなり何の脈絡もなく、思い詰めたようなメールを深夜に送りつけられてきたら、相手は相当引くだろう。

なぜ仕事で同じことができないのだろうかと、不思議に思う。男女関係において初期の目的は付き合ってもらうことであるのと同様に、そのメールの目的が何なのかをはっきりさせなければならない。場合によっては、メールという手段は適切でない可能性もある(実は、そのケースのほうが多い)。

これは、金曜日の夜に限ったことではない。すぐに返事をしなければいけないのだろうけど、返事をしにくいメールというのがある。メールを見た瞬間「うわぁ」と言って、思わず閉じてしまったような経験は誰にでもあるだろう。

つまり、どう対応していいかわからないようなメールだ。目と目を合わせて話をすれば、相手が何を求めているのか察知することができる。しかし、メールの文面から行間を読むのは難しい。ほとんどが自分本位で、練《ね》られていない、「ただ書いただけ」の文章だからである。しかも、送信ボタンを押したらおしまいで、自分はスッキリ。相手の立場に立って文章を練るような人は、金曜の深夜にメールを出すようなことはしないのだ。

先ほどのように「ただ聞いてほしいだけなのか」「至急、アクションを起こさないといけないのか」といったことから、その問題が本人にとってどれほど重要なのか、簡単にはわからない。メールでアドバイスを返すと、「微妙に違うんだけどな」「そういうことじゃないんだけどな」と思われる危険性も高い。

だから、私はいつも「**事務連絡やいい話はメールでもいいけど、悪い話や相談事は対面か電話にしてほしい**」と考えている。

件名につけた【緊急】。あなたにとって？相手にとって？

また、件名に【重要】【緊急】【要返信】といったラベルを使用する場合はよく考えてほしい。往々にして【緊急】と記されているものは、送り手にとっては緊急であるが、こち

コミュニケーション手段による
メリット・デメリット

対面

【相手の情報】 **言葉遣い／声色／間／表情／しぐさ**

【メリット】 相手の反応を多様な情報から即時に判断できるので、相手の受容度やニーズに合わせることが可能。

【デメリット】 指示代名詞中心の曖昧な会話が可能なため、時に誤解も生じる。コストは高い。

電話

【相手の情報】 **言葉遣い／声色／間**

【メリット】 対面ほどではないが、相手の反応を得られるため、コミュニケーションの質は高い。移動が不要な分、コストも低い。

【デメリット】 表情やしぐさがわからないので、時に誤解が生じる。相手の状況が見えないため、いつ電話していいかはかりかねることも。

メール

【相手の情報】 **言葉遣い**

【メリット】 うまい文章さえ書ければ正確に伝わる。相手のタイミングで見てもらうことができ、コストも低い。

【デメリット】 文字面以外に相手の情報がなく、誤解のリスク大。確認に時間がかかる。

多 ↑ 情報量とコスト ↓ 少

らにとっては全く急ぎには見えないものである。よくよく読んでいると、「勝手に緊急にしているのは自分じゃないか」と思うこともある。つまり、もっと早くから検討していれば、あらかじめ準備をしておけば（傍目《はため》には明らかに）よいのに、あるいは忘れていたんじゃないの、という印象を持つようなものである。

もちろん、職務権限上の上下関係が明確な場合、あるいは当事者間で重要度や緊急度が共有されているなどの信頼できるケースはいいが、その際も表現は極力工夫するべきだろう。

とはいえ、メールのラベルはコミュニケーションの最適化のために有効である。私がよいと思うラベルは、【報告】【連絡】【相談】【依頼】【質問】などの、相手に期待するアクションを明示したラベルである。相手のアクションを明示するというよりは、「強要する」「急《せ》かす」ものであることが先の例との違いだ。

自分のタイミングではなく、相手のタイミングで話しかける

さらに、そのような残念なメールが来たとき、ネガティブな気持ちをグッと抑えること

も覚えてほしい。もし1時間経っても、その感情が消えなければ、相手と会って話す段取りを立てる必要があるだろう。

あなたと同じように、私のところにも腹の立つメールが来る。カチンと来て、すぐに返事を書く。

しかし、絶対に送信しない。

昔読んだ本にこう書いてあった。『トム・ソーヤーの冒険』などで有名なアメリカの作家マーク・トウェインのところには読者からの手紙が数多く届く。中には腹立たしい手紙や納得のいかない批評もある。それにいちいち手紙で反論していた。しかし、一度もそれによるトラブルを起こしたことがないそうである。

なぜなら、夫人がポストに投函《とうかん》せず、全て捨てていたからだというのだ。

結局相手にどうこうしてほしいのではなく、**自分自身が納得したいだけ**なのだ。だから、私は腹の立つ内容に対する返事は、メールソフトではなく必ずメモ帳アプリを開いてそこに書く。間違って送信ボタンを押したら恐ろしい展開が待っているからだ。その上で徹底的に書きたいことを書く。とても他人さまにはお見せできないような表現も使う。そして、書き終わったら捨てるのだ。

どうしてもメールでしか伝えられない場合は、最低でも一晩寝かせることにしている。明日の朝にもう一度考えて直して、やはり送らなければいけないと思ってから送信するようにしている。

目的を考えれば誰でもわかることなのだと思うが、言いにくいことをすぐにメールする人が多い。

言いたいことや思ったことがあったら、すぐに言わないと気が済まない——。これは考え直すべき習慣である。

確かに、「言いたいことがいつでも、何でも言える会社は風通しがよい」というのは正しい。「何かあったらすぐに言ってくれ」というマネジメントは多いが、これも正しい。

しかし、相手の上司が聞く態勢に入っていないのに話しかけても、言いっぱなしになるだけである。聞いてほしいことがあるのなら、**自分のタイミングではなく、相手のタイミ**

ングで話しかける必要がある。

これは、メールの場合でも対面で話しかける場合でも共通して言えることだろう。

「すぐに言ってくれ」の行間には「考えて」というのが省略されている。そして、意味は「私に何をしてほしいのか言ってくれ」ということなのだ。

「送って満足」は、今この瞬間から止めたいものである。

ダメ上司ほど「帰り際」の部下を呼びとめる

自分の仕事と人に振る仕事の優先順位を間違っている人がいる。朝から忙しく自分の仕事をこなして、一段落付いた夜になって、「あ、あの仕事、○○さんに頼まなきゃ」と思う人である。

「先週の日曜日も上司から電話がかかってきて、会社に呼び出されました」

そう言って、ため息をついたのは、広告代理店に勤める後輩だ。彼の会社では、ほとんどの社員が午前10時に出社し、午後8時には会社を出る。土日は休みだ。

しかし、その上司だけは、平日は夕方6時に出社し、会社を出るのは午前3時。土日も出勤し、何かあると部下に電話をかけ、会社に呼び出すと言う。彼が原因でプロジェクトの進行に支障が出ることもたびたびだ。

上司の判断を仰《あお》がなければならない仕事は、上司が出社する夕方6時までストップしてしまう。そのせいで残業もしばしばだ。

「いつも金曜の深夜にメールで仕事を指示し、提出期限がだいたい月曜日。『不明な点があったら、いつでも連絡ください』とメールにあるけれど、月曜日に提出するには、土日に仕事をしなければならない」と友人は嘆く。

休日の予定をキャンセルしなければならないのはつらいが、上司からの命令には逆らえないと言う。

「休日出勤して上司と顔を合わせたくないので、嫌々ながら家で仕事をしているよ。そうすると、『例の仕事の件、どうなっている?』と進捗《しんちょく》状況を確認する電話がかかってきて、こちらが説明すると、『いや、その方向だとまずい。打ち合わせをしたほうがよさそうだから、今から会社に来い』となる。ホント最悪ですよ!」

友人によれば、この上司は職務において専門性の高い知識を備え、粘り強い仕事を行う、いわゆる職人型タイプだと言う。

しかし、マネジメント力が欠けている。それ以前に、**チームの一員としてロールプレイ（役割）ができていない**。

仕事ができる人間は、自分のところで仕事の流れを止めないものである。複数のプロジェクトを並行して進めることができ、そのプロジェクトに関わる人たちの動きを考慮し、スムーズな進行を心掛ける。

時間がどのくらいかかり、人とお金がどう関わっていて、それぞれの都合はどうなっているか、時間と人とお金をうまく組み合わせなければならない。

しかし、この上司のように、それらを意に介せず、自分の都合を最優先にした仕事しかできない人がいる。彼らは指定された期日に納品が間に合わないことも多く、遅刻やドタキャンも目立つ。**自分自身のタイムマネジメントさえできていない**のだ。

個人としてのアウトプットが優れていることだけで、実現できる世界は限られている。ボールが来たらただ打ち返すだけではダメなのだ。ボールを上手に打ち返せたとしても、試合時間に遅れて来ていい理由にはならない。

何より時間通りに来なければ、試合には出られないのだ。

「休日も働け」という暗黙の命令を回避するには

与えられた情報処理は速く、与えられた仕事の正確性と深みはあるが、仕事の優先順位付けが苦手な人を時々見かける。

あるとき、「この内容の仕事を、1週間後に仕上げてくれ」と依頼して、1週間経っても何も提出物が上がってこないことがあった。

「お願いしていた仕事は、明日が提出期限だけど、どんな感じ?」と聞くと、「すみません、まだ手をつけていません」と言う。

「どうしたの?」

「いや、別の急ぎの仕事がありまして……」

仕事では、緊急の案件が入り、それまでの計画を変更しなければならないこともよくある。他の仕事の締め切りを延ばさなければならないこともあるだろう。

問題は、延ばさなくてはならない仕事がどれで、どのくらい延ばしたらよいかを把握せず、とりあえず緊急の仕事に取り組み、他をほったらかしにしている状況だ。

自分自身の仕事の流れを効率的に組み立てられないばかりか、「ホウ・レン・ソウ」（「報告」「連絡」「相談」）さえ満足にできていない。**自分の判断や行動が、周りの人にどのような影響を与えるかを理解できない**のである。

緊急の仕事が入った時点で、進めている全ての仕事にその緊急の仕事を加え、優先順位を付け、リスケジュールし、それを周囲に報告すべきである。

「緊急の仕事が入りました。これを仕上げるのに2日かかります。ついては、来週水曜日が締め切りのこの仕事をいったん中断するので、こちらの締め切りを2日延ばして来週の金曜日にしてほしいのですが、了解してもらえますか？」と言ってほしい。

その時点で、私は「わかった」、あるいは「あなたが緊急と思っている仕事より、こっちの仕事のほうが、うちの事業にとっては優先事項だから、先にそちらをやってくれ。それは私が引き取る」といった判断ができる。

自分の都合ばかりで物事を進めていく人は、自分以外のステークホルダー（利害関係者）を含めたタイムマネジメントができないのが問題なのだ。

発注企業と下請け企業との間では、問題はさらに深刻化する。

「なる早で調べておいて」と金曜の夜、下請け企業に案件を投げておくと、「月曜までに何とかしておいてくれる」という構図はよく見受けられる。これは、下請け企業に「休日も働け」と言っているのも同然だ。

無理難題を押し付けられてもノーと言えないのは、それを断ることで仕事を失うのではないかと下請けは思うからだろう。

これを防ぐには、週の半ばに「スケジュールはこうなっています。この後、このような方向性で準備しておきましょうか」「土日は用件が入っておりますので、ご指示がある場合は、今日中に連絡ください」と先手を打つ。

自分が発注者の立場なら「そういうことをしない」と心に決めて実行すればよいが、自分が下請けの立場ならば防御策を練ること、すなわち**スケジュールの主導権を握ることが**

重要である。

残念な人には「たとえば」がない

チームメンバーの話を聞くことは仕事上大変重要である。いや、実はチームメンバーの話を聞くことがマネジメントの仕事なのかもしれない。どうしたらお客さんが喜ぶのか、どうしたら無用なトラブルが発生しないようにするか、付加価値の低い仕事を事務所内からなくすためにはどうしたらよいか、いつも考えている。

私は会社の仲間といつもそんな話をしているのだが、私のほうが聞く立場のとき、10分くらい話を聞いていても、いったい何が問題なのかサッパリわからないことがある。

その大きな理由は、**「たとえば」がない**からである。

「効率が悪い」「段取りが悪い」などの主張はわかる。しかし、具体的に何がどう悪いのかがわからない。

「○○の処理が大変なんです」というので、その○○は1日に何件くらい発生するのかと聞くと、すぐに答えられない。深掘りしていくと今日たまたまそういうことがあった、というだけだったりする。

あるいは、「みな使いにくいと言っています」と言うので、「みなって誰？」と聞いていくと、結局は言っている本人の印象レベルの話だったりする。

私も細かいことまで把握していないものについてや、具体的なことがわからないと改善のポイントがわからない。

実は、相談やクレームというのも、現状分析をしたわけではなく、本人の不満をぶつけているだけのケースが多いのだ。

抽象的なことばかり言って、具体的なことを言えないのは、残念な人の特徴である。

たとえば、「最近の若者ってかわいそうだね」「日本人って残念だよね」と言っても、「その若者って誰ですか？」「残念な日本人って誰ですか？」となる。「だって、よくテレビで言っているじゃないですか」と言う人もいるが、それはテレビの意見でしかない。

そういう人は、**自分の頭や体を使っていないからわからない**。だから、具体的にならないのである。

受け身の人のノート術

私は基本的にノートを取らない。昔からノートを取る習慣がない。

ノートにメモを取るのは、三つの場合だけである。人の話を聞きながら頭の中で生まれたアイデアを書くのが一つめ。自分が話さないといけないときに、「こういうことをしゃべろう」とメモする場合。そして、議論が終わった後、自分の宿題を書く場合である。

つまり、**自分の考えの整理、アウトプットのとき**、忘れないように**ToDoリストを整理するとき**以外、メモを取る必要がないと考えている。

もちろん、メモを取るのが仕事という場合もあるだろう。会議で議事録を取る、インタビュー記事を書くなどだ。しかし議事録担当者でも雑誌のライターでもないのに、会議や打合せで人の話を聞きながら、ずっとノートにメモを取っているのはどうだろうと思う。

まず、会議というのは、ディスカッションの場である。ディスカッションしに来ている人は、ずっとメモを取っている暇などない。気になったポイントをメモしたり、要点をまとめたりするのはわかるが、情報を仕入れるためだけに会議に出ているのではないはずだ。

ずっとメモを書いている人には、マイナスの要素があるように感じる。意見を言いたくないためにずっと下を向いて書いていたり、眠くならないように手を動かしているのもその理由ではないだろうか。

つまり、**ずっとノートを取っている人は、受け身の姿勢**ということだ。自分から何かを発しようと思ったら、他人の話を書き写す暇などなく、頭をフル回転させる必要がある。

言われたことをメモするだけのノート術は、根本的に間違っている。

だから、世の中で広く浸透しているノート術は、ほとんどが間違っているのではないかと私は思っている。「ノート整理のためのノート術」になっている場合が多いからだ。

そもそも、あなたはノートを見返したことがあるだろうか。メモを見返すことがあったとしても、要点とＴｏＤｏさえわかれば、事足りるのではないだろうか。

必要なメモは直近にやることだけである。1年前のノートを見直す人がどのくらいいるだろうか。

私は小学生から高校生までは、授業中にほとんどノートを取ったことがなかった。ノートの使い道は、計算問題をしたり、漢字の練習をしたりすること、あとは落書きくらいである。だから、１教科につき1年で1冊のノートを使い切ることもなかった。

理由ははっきりしていて、先生が言っていること、黒板に書かれることは、全て教科書や参考書に書いてあるから、わざわざノートに写す必要などない。高校生までの勉強は全て範囲が決まっていて、それを覚えるだけだからである。

そして、やはりノートを見返すことは一度もなかった。ドリルの答えしか書かれていないのだから、わざわざ見返す必要もないだろう。

大学生になると、教科書がないことが多いので、全くノートを取らないというわけには行かなかったが、その主な理由はテストがあるからだ。

しかし、社会人になってからは日常の仕事で覚えたことをテストされるようなことはない。そもそも、仕事の範囲自体を自分で見つけなければならないし、そうだとしても記憶が目的ではない。会議で話されている内容は結論を出すための過程であるから、それをメモする必要はないと思う。

人の話や印象に残った言葉、キーワードを忘れてはいけないというプレッシャーも理解できる。しかし、本当に印象に残ったことは頭の中に入っている。紙を見返さないと忘れてしまうようなことは、忘れても問題がないのだ。より重要なことは、必要なときにそれらを思い出せるかどうかであるから、後で思い出せるような記憶の仕方が必要だ。だから、ノート術がうまい人は、ノートに文字を書いた時点でもう頭に入っているから、二度と見返さないのだ。

ただし、ＴｏＤｏはメモが必要だ。重要であろうとなかろうと、忘れてしまうと周りに迷惑がかかるからである。

目的は、きれいなノートをつくることではない。大事なポイントをメモしたり、ＴｏＤｏをメモしたりするのは、自分のアウトプットのためである。

目的は、あくまでも結果が出るために仕事をすることなのだ。

ショップ店員の残念なコミュニケーション

ここまで会社の中のコミュニケーションについて考察してきたが、最後に客の立場で最近気になった、お店の店員の残念な話し方について触れておきたい。

先日、スーツを買いに行ったときのこと。新宿にある大型デパートの紳士服売り場をうろうろしながら、夏用の少し薄手のスーツを探していた。スーツを買いに行くといろいろなショップを覗いてみるのだが、結局は同じ店で買ってしまう。それなら最初からそこに行けばと思うのだが、やはり発見好きとしてはいろいろ見てみたくなるものである。

あるショップで好みの柄に近いスーツが目を引いたので、立ち止まって眺めていると、店員が次のように話しかけてきた。

「何かお探しでしょうか？　ご試着もできますし、サイズもお出しいたしますよ」

服のショップではよくある風景だ。しかし、私はどうもおかしいのではないかと常日頃思っている。この短いフレーズの中に三つもおかしな点が混ざっているからだ。

まず、「何かお探しでしょうか?」というフレーズ——。

思わず「何か探しているから来店している」と言いたくなる。さらに言えば、その店はスーツショップである。スーツショップに来店する客がスーツを探しているのは間違いない。私がひねくれているだけかもしれないが、スーツ売り場にパジャマを探しに来る人はいないだろう。

二つ目の「ご試着もできます」——。

これも当然ではあるが、試着をしなければ、ズボンの裾を直すこともできない。スーツショップにとって、試着するのは大前提である。

三つめの「サイズもお出しいたしますよ」というのは、もう言うまでもないだろう。サイズを揃えていなければ商売はできない。うどん屋に入って「うどんありますよ」と言われているようなものである。

つまり、スーツショップにとって前提条件になっていることばかり聞いても、何も意味がないということである。もちろん、ドアオープン・ワードとしての機能は果たせるかもしれないが、それ以上ではない。「手作りパスタあります」と看板に書いてあるが、イタリア料理の店なのだから手作りは当たり前で、それだけでは何の説明にも差別化にもなっていないことと同じである。

私がこの「声かけ」の問題点にこだわるのは、このコミュニケーションからは、**客がどのようなスーツを求めているかの情報を一切引き出すことができない**からだ。もちろん、店員の方々も客に話しかけるための言葉をいろいろ工夫しているのだろうが、もう少し、発展的な声かけはないものだろうか。私はそう思案しながら別のショップに向かった。

すると、別の店では、「お仕事用のスーツをお探しですか？」と声をかけられた。これはなかなかよい。最近はクール・ビズが浸透し、ビジネスカジュアルを探しに来ている人もいる。さらに、この質問はＹｅｓ／Ｎｏで答えやすい。他にも、「どういった色をお探しですか？」などの声かけが考えられるだろう。

これは、何もスーツショップだけに言えることではない。注意深く観察していると、お店の店員の言葉選びは、もう少し工夫の余地があるのではないかと思うのだ。

「少々お待ちください」の少々は何分?

何か聞きたいことがあってコールセンターに電話することがある。受付から担当に回してもらうまでの間、あるいは担当者が質問に答えるために何かを調べたりする際には、いつも「少々お待ちください」と言われる。

これに違和感を覚えるのは私だけだろうか。「少々待つ」とは**「何分待てばいいのか」が気になる**からだ。

私を含め、多くのビジネスパーソンは「次に何をするか」「次に何が起こるか」を知りたいはずである。「少々お待ちください」は、その要求に一つも答えていない。先のことがわからないまま、ただボーっと待たされているだけである。

お化け屋敷は、このような状況を逆手に取ったアトラクションだと言える。何が起こるかわからないという不安を煽《あお》ることで、恐怖を感じさせているのだ。

つまり、**先がわからないというのは、相手を不安にさせたり、イライラさせたりする**ということである。

たとえば「お調べするのに1分程度かかります。後でかけ直してよろしいですか」とか言われたら、「1分だったら待つよ」と言うかもしれない。「5分後におかけ直しいたします」と言われるほうが、お互いのためだと思うし、絶対にスマートだと思う。せこい話だがお互いの電話代の節約にもなる。

あるいは「○○が社内にいるか確認いたしますので、30秒ほどお待ちください」と言ってくれたら、イメージが湧く。

人間というのは不思議なもので、「1分ほど待ってもらえますか」と言われた1分は短く感じるが、「少々お待ちください」と言われて待たされる1分は相当長く感じるものだ。

これは電車やバスの到着と同じである。

東京の地下鉄には、次に到着する電車が今どこにいるかが表示されている。「前駅」にいるのか「前々駅」にいるのか、電光表示板でわかるようになっている。それによって、乗客はあとどれくらいで地下鉄が到着するのかが一目でわかる。「いったいいつ到着するのだろうか」という不安を払拭《ふっしょく》する狙いがあるのだろう。

実際に、この電光表示板を設置してからは、乗客からの「電車を待たされる時間が長い」といった苦情が激減したらしい。余談だが、私は田舎育ちで、田舎ではラッシュアワーで10分に1本、その他は20~30分に1本である。5分おきに電車が確実に来るのに、次の電車がどこにいるかまで知りたいほど忙しいのかと思うときがある。

かく言う私も、エレベーターが閉まりそうになると慌てて駆け込む性分《しょうぶん》の割には、家に帰るとアイスクリームを食べながらテレビをヒマそうに見ていたりする。忙しい、忙しくないにかかわらず、待た「される」というのは誰にとっても嫌なことなのだろう。つまり、**「少々」といった曖昧《あいまい》な表現はなるべく使わないようにして、定量的な表現、定量的なソリューションを心がけるべき**、ということだ。

カップラーメンも3分と書いてあるから、食べる人は安心する。もし、「お湯を適量入れていただき、麺《めん》が適度な柔らかさになったらお召し上がりください」というカップラーメンがあったらどうだろう。「少々お待ちください」とは、これと同じことである。

第3章

時間の使い方編

残念なタクシーに乗り込む残念な客

凡人はただ時間の過ごし方を考えるだけだが、才能のある人は時間を使おうと努力する。

ショーペンハウエル

『意志と表象としての世界』（中央公論新社）より

残念なタクシーに乗る人は、残念な時間を使っている人

タクシーの運転手との会話が苦手だという声を耳にすることがある。もちろん、ほとんどの運転手はネクタイを締め、主要な道路と場所はきちんと記憶し、丁寧な言葉で応対してくれる。しかし、都内のタクシーは飽和以上の飽和状態で、その上人材の流動性が高い。だから、中には、いまいちな運転手に当たってしまうことがある。急いでいる、疲れているときに限って、残念な運転手に当たってしまい、それが強烈に印象に残ってしまうから、タクシーの運転手がいまいちだ、となってしまうのだろう。

運転手の中には話好きな人もいる。世間話を聞くのも楽しいが、疲れているときは面倒くさい。明らかに目をつぶっているのに、話しかけてくる人もいる。運転手は前を向いて運転しているので、客の雰囲気や様子を見ることができないのだろう。たまにバックミラー越しに目が合うことがあるが、それはそれでちょっと気まずい。

残念な会話だけならまだいい。タクシーの運転手にとって、最も残念なのは道を知らな

いことだ。たとえば、行き先を伝えると、「東京に出てきたばかりで道がわからない」と言い訳をする運転手がいる。正直でよいとは思う部分もあるのだが、ちょっとアンラッキーだなと感じてしまう。しかし、知らないにも程度があると思う。最近の事件では、平日の昼間に両国あたりでタクシーに乗り「新丸ビルまで」と言ったら、「それ、どこですか」と言われて腰が抜けた。私が道案内する羽目になったのだが、その道中、少し前に宝くじが当たった話、どうすると競馬で勝てるかといった話を延々とされて、ほとほと疲れてしまった。

そもそも、なぜわざわざタクシーを利用するか——。

それは、夜中で電車がない場合もあれば、時間がない場合もある。電車の乗換えが悪く、車のほうが早い行き先ということもある。また、タクシーの中で休みたい場合、仕事をしたい場合もある。高いお金を払ってでも、その対価を得たいがためにタクシーに乗るのである。それにもかかわらず、もしタクシーの運転手が道を知らなければ、これらの思惑が全てパーになる。

ロンドンでタクシーの運転手になるには、細い路地の場所と名前まで聞かれるほど（たとえば日本橋の高島屋と昭和通りの間にある通りのレベルは知らないといけない）、資格試験が厳しいことで有名だ。

しかし、ここは東京である。そんなことを言っても仕方がない。パレートの法則ではないが、ダメ運転手は2割で、6割は普通の運転手のはずである。さらに、優秀な運転手が2割いるとは考えられないか。

そう、**ダメなタクシーに出会って文句を言う人が残念**なのではないだろうか。

東京で言えば、街中には需要量以上のタクシーが走っているので、どれでも選びたい放題である。

にもかかわらず、多くの人は目の前に来たタクシーに乗る。これでは、「ラーメンが食べたい」と思って、たまたま目の前にあったラーメン屋に入るのと同じことだ。

残念なタクシーに乗って、残念な時間を過ごしている人は、自らうまいかまずいかもわからないラーメン屋に入って「ここのラーメンはまずい」と文句を言っているのと同じである。

おいしいラーメンを食べたいのであれば、ネットで調べたり、外観や外に貼られているメニューを見たりして、自分なりに判断して入店しているはずだ。飛び込みで入るにしても、外観や内装、店員の顔つきや客の入り、他の客が食べているものくらいはチェックするだろう。

しかし、タクシーになると、なぜか選ばない。ラーメン屋で言えば、道路の両側100メートルにわたってラーメン屋が並んでいるのと同じ状態である。ラーメンよりも高い値段を払うのに、**自分が快適に過ごせるタクシーを選ばない**のは、なぜだろうか。

トップ1%の運転手が実践するサービス業の真髄

私はと言えば、過去10年以上タクシーに乗るときは、できるだけ個人タクシーを使うようにしている。仲間にもそういう人が多い。

昼間は急いでいることが多いし、道が複雑なところに行ったりしない。そもそも昼間は個人タクシー自体が少ないこともあるので、企業タクシーにも乗る。しかし、終電を逃したときは、99パーセント個人タクシーを使う。

個人タクシーに乗るのは理由がある。

最近はほとんどの個人タクシーがトヨタ・クラウンや日産・フーガなどの高級車を使っている。中には、レクサスのＬＳ460なども時々見かける。車がいいというのも一つの理由だが、最大の理由は、**道をよく知っているから**だ。

個人タクシーがよく道を知っているのは、一定期間以上は企業タクシーで仕事をしていないと資格を取れないので、まず経験があるからである。

私が家に帰るとき、たとえば自分の会社からだと、行き先を伝えて、あとはキーとなる交差点を2、3伝えれば、それで完了。

行き先を告げた後は、よほど疲れていない限りは、運転手さんと世間話をする。たいていの人は、退屈なのか話に付き合ってくれる。といっても、私はほとんど話さず、適当に彼らから話を聞き出しているだけなのだが、長年タクシーの運転手をし、高級車で採算が取れる営業成績を続けている方々は、話も面白い。中途半端な取り組み姿勢で仕事をしてないのである。

先週も面白い話を聞いた。

60歳はとうに過ぎているであろう年配の運転手だったが、例によって、「きれいな車ですねぇ」などと話を切り出したら、「なぜきれいにしているか」「どうやっているか」などを話し出した。

そこで、「安全運転だし(三ツ星が付いていた。三ツ星は優良事業者認定制度のマスターに認定されたことを表す)、また乗りたいという固定のお客さんも多いんじゃないですか」と言ったら、運転手は「最近はそうでもないけど、バブルの頃は結構いましたね。20〜30人くらいはいたかな。今はその3分の1くらいですかね」と答えた。

興味が湧いてきたので、もっと突っ込んで話を聞いてみる。

「どんなきっかけで指名してもらえるんですか」

「いろんなパターンがあるけど、やっぱり2回目に家の前まで連れて行ったときだね。今はカーナビとかあるけど、昔はそんなのはなかったから、**お客さんを家まで送った後、日付、お客さんの特徴と一緒に帰り道をノートに書いておく**んですよ。それでね、見たことのあるお客さんが乗るとそれを思い出して、家の前まで連れて行くんですよ。だいたいのお客さんは酔っ払って寝ているから、家の前に着いて起こすとビックリする。そうしたら、無線番号か自動車電話の番号を聞いてくるから。そこからはもうずっと頼んでくれますよ」

運転手の話はまだまだ続く。

「そうしていると、今度はお客さんが増え過ぎてしまったんですよ。1人では対応できなくなってきたので、仲間とお客さんを共有するようにしたんです。同じ情報を共有して、誰のタクシーに乗っても、同じようなサービスでやる。もともとは自分のお客さんだから、自分が乗せたいんだけど、**みんなでやるほうが、結局お客さんも喜んでくれる**んです」

この話は、あらゆる仕事に通じると思う。タクシー業界のような過当競争の中では、1

00人いたら100人成功するとは限らない。むしろ1パーセントもいないであろう勝ち組の人の話を聞けたのは、それだけ有益な時間だった。

最近の話では、暑い夏の日、氷で冷やしたおしぼりを出してくれるタクシーに出会った。こういったちょっとしたサービスが心憎い。成功している人には、成功しているだけの理由があるのだ。

先述のような勝ち組の運転手には、すでに固定客が付いているのだろう。

逆に言えば、街中で流しているタクシーには残念な運転手が多いということなのではないだろうか。

もちろん、優秀な運転手も状況により流していることもあるが、手を挙げて停めたタクシーに残念な運転手が少なくないのには、それだけの理由があるのだろう。

MKタクシー社員の「やる気のスイッチ」とは

私は個人タクシーの他に、特定の企業タクシーもひいきにしている。それは、「MKタクシー」である。

ＭＫタクシーは、競合に比べて少し安い、というのがよく知られる特徴であるが、その他にも運転手がわざわざ車から降りてドアを開けてくれるなど、サービスが行き届いていることで昔から有名だ。発祥は京都である。２０００年になる少し前に東京に進出してきた。東京でのビジネスも長くなり、さすがに運転手が降りてドアを開けるかどうかは状況に応じて、と言うことのようだが、サービス全体がよく設計され、ドライバーに徹底されているように感じる。

利用の難点は、流しの台数が少ないことであるが、都心であれば呼べば10分程度で来てもらえるので、帰り時間が読めてきたら電話する。まず、そのコールセンターがしっかりしている。一度予約をした客の電話番号は記録されている（もちろん当方承諾済み）ので、ケータイから予約の電話を入れると「山崎さま、いつもありがとうございます」と必ず言われる。

あとは、今どこにいて、どこまで行くかを伝えるだけなのだが、「自宅まで」と言えば、わざわざ自宅の住所を伝える必要もない。そしてその情報が、迎えに来たタクシーにしっかりと伝わっている。

その他にも、言葉遣いからドアの開け閉めまで、運転手は徹底したトレーニングを受けているのだ。東京ではまだ台数が少ないのが難点ではあるが、10数分ほど待ってでもわざわざ乗りたいタクシーである。

なぜタクシーの運転手に、これほどまでにサービスをトレーニングできるのか——。

もちろん、大手タクシー会社もこのようなコールセンターを持っているし、特に別ラインナップで用意されている黒塗りの車のドライバーは、よいサービスをしてくれる。しかし、なんとなくMKのほうがサービスレベルが高い気がする。

理由を解明しようと、数人のMKタクシーの運転手にヒアリングした。

すると、MKタクシーという会社は、完全な階級社会だということがわかった。売上や事故歴などから乗るクルマにも違いがある。量販型クラウンからEクラスのメルセデス・ベンツまである。ちなみに、これを執筆している時点での最上級ランクはLS460だぞうだ。

まだ駆け出しの運転手は量販型クラウンにしか乗れないが、売上や客の満足度が上がればクラウンロイヤルサルーンに乗れるようになる。しかも上のクラスに行くためには試験まであるらしい。最終的にはメルセデスやエスティマ・ハイブリッドなり、ＬＳ４６０に乗れるようになる。

タクシーという狭い世界の中にも、階級システムがあって、**出世の仕組みがしっかりとつくられている**のである。

頑張った結果、正当に評価される仕組みというのはとても重要だ。それに出世は名誉だけではなく、実利も伴う。まず、クルマのランクが上がるほど、運転は快適になり疲れない。客も喜んでくれる。加えて、予約の得意客から順番にランクの高いドライバーが割り当てられるため、客単価が高いうえに、稼働率も高くなり、結果として所得も増える、というからくりである。

先日乗ったＭＫタクシーの運転手はこう話していた。

「何年くらい乗っているんですか？」

「まだ2年です」

「前は何をされていたんですか？」

「前は赤坂で居酒屋の店長をしていました。ちょっとした縁があって、MKタクシーに入ったんです」

「居酒屋とタクシー、どちらが楽しいですか？」

「今のほうが楽しいですね」

私はビックリした。タクシーのほうが楽しいという人にはなかなかお目にかかれないからである。聞いてみると、その理由が理解できた。

「タクシーの運転手が楽しいというよりも、会社が楽しいんです。チェーン居酒屋の店長をやっていると、楽しいことと言えばお客さまに喜んでもらえることだけど、毎日の売上には上限がある。店の立地とキャパシティによって、だいたい決まってしまうんです。確かに、店長の裁量権もあるのだけれど、メニューは決まっているし、やれることは限られていて、店をきれいにする、バイトの教育をするという基本の徹底です。ただ、店長は頑張っても見返りが少ないですね。

でも、今の会社は、少しずつ昇進していく仕組みが面白い。**システム的に上がっていく仕組みというのは非常にいいですよ**。客層がいいから変なトラブルがないのもいいです。もちろん、うちのドライバー全員がそう思っているかどうかはわかりませんけどね」

こういった貴重な話を聞けるのも、自分からタクシーを選んで乗った結果である。貴重な話を聞き終わった頃、タクシーは自宅の前に到着していた。

人間は意外にタフである

誰にでも「仕事を早く終わらせたい」という気持ちがあるに違いない。

これから述べる話は、超長時間労働をしてきたが、病欠をきっかけに定時で家に帰るようになり、しばらくして再び長時間労働に戻った私の中でどういうことが起こったか、という話である。

私はコンサルティング会社に入ってからというもの、ものすごい長時間労働をしてきた。初めて配属されたプロジェクトは、リース会社の大規模なシステム開発の仕事であったが、私のような新人に与えられた場所は、窓のない地下の部屋で、折り畳みのパイプ椅子に長机であった。その長机に同僚2人と腰掛けると、プログラムのテストをする仕事にアサインされた。配属から3日後には、徹夜でしなければならない仕事を振られた。しかし、それくらいでは驚かない。新人研修でしっかりと仕事戦士に仕上げられてきたからだった。

私が94年に入社したアクセンチュア（当時アンダーセンコンサルティング）では、新入社員のキャリアはプログラマとしてスタートする。当時はCOBOLというプログラム言語が主流だったが、約1ヵ月半でプロジェクトに入って開発担当者として働けるレベルになるようなトレーニングが施される。

私は、大学生のときのアルバイトで国際電話のオペレーターをやっていたのでキーボードはそれなりに早く打てたものの、ワープロくらいしか触ったことがなく、コンピュータの知識はほぼゼロである。コンピュータの知識は採用時に問われないから、仲間も基本的に同じようなレベルである。そういう人間に客先に出せるまでの力を付けさせるトレーニングだから、それは壮絶なものであった。

東京で採用された社員は、まず２週間のコンピュータ研修を受ける。ここで、ＰＣの電源の入れ方と落とし方といったレベルの話から、基礎的なプログラミングの考え方を学ぶ。ここまでは、普通の会社とあまり変わらないと思うが、問題はその次だ。

それが終わると、シカゴ近郊にあるトレーニングセンターに送り込まれて、３週間のトレーニングを受ける。内容は、あるプロジェクトのチームメンバーになったという想定で、担当領域のシステムを最後まで組むというのが基本的な流れである。合間にクライアントへのインタビューの方法、会議の進め方、プロフェッショナルとしての心構えのような講座が入る。

コースは全て英語で行われ、世界のいろいろな国の新人が一堂に会する。私のクラスにはアメリカ人だけでなく、記憶しているだけでも台湾、韓国、フィリピン、インドネシア、メキシコ、オランダ、イギリス、南アフリカなどから人が来ており、彼らと一緒にチームを組む。

日々のスケジュールは次のような感じである。

平日は朝8時から夜の10時までが定時である。昼休みは1時間、夕方は6時から2時間の休憩がある。

土曜日は〝半ドン〟であるから、朝の8時から夕方6時までである。翌日は休みなので、街に繰り出して遊びに行く時間もある。

日曜日は〝休日〟であるから、研修時間は朝の10時から夕方の4時までである。


なかなかイカしたスケジュールであるが、こんな風に3週間を過ごしていたら、いろいろと体感的にわかったことがあった。最大の収穫は、**人間は意外とタフである**ということだ。かなり怠惰な学生生活を過ごしていたこともあり、新鮮な驚きであった。

それから、もう一つは仕事とそれ以外とのバランスである。これだけ詰め込まれても、なぜか遊ぶ体力は残っている。単純に年齢が若いこともあるだろうが、夕方の2時間は外でスポーツをしたりジムでトレーニングをしたりする。夜10時を過ぎたら、施設内にあるパブのようなところでビールを飲みながらダーツやビリヤードに興じる。土曜日は朝まで遊んで、日曜の夜だけ早めに寝る、という具合だ。たくさん働くと体を動かしたくなるし、遊びたくもなるので、壁をつくらずに全部やると結構達成感がある。

実際の仕事についてからも、おおよそ上記のトレーニングスケジュールと似たりよったりの仕事をずっとしてきた。

仕事を早く終えるには、「早く終える」と決めるところから

しかし、20代後半に腰痛で２ヵ月ほど仕事を休んでからというもの、少し働き方を考えるようになった。腰痛自体は高校生のときからの持病で、忙しく仕事をしていたことと直接関係があるかどうかはわからないが、思うところがあり、基本的に午後６時には仕事を終えるようにしてみた。

すると、面白いもので、それでも何とかなるのである。確かに、それまでは長く働くことが前提であり、時には上司がいるから帰りづらくてゆっくり仕事をするようなこともあ

った。

職場に復帰して1週間もすると、集中度を増すことで同じ量の仕事ができるようになった。仕事のスピードを上げるために、いろんなヒントを求める人がよくいるが、それよりももっと簡単なことがあると思う。仕事のスピードを劇的に上げるには、**同じ量を半分の時間で仕上げる、あるいは同じ時間で倍の量をこなそうとしてみればよい**のである。人間は自分が思っているより能力が高い。無人島に取り残されると何とかして食べ物を探すように、追い込むことによってブレイクスルーが起こるものなのである。

しかし、一方で弊害も起きた。早く終わらせることはすごく大事だが、「何時までに」という物理的な制限にとらわれ過ぎてしまう場合がある。たとえば、午後6時までに終わらせようと思って仕事をしていた場合、6時を過ぎても仕事が終わらないと急に負担感が増してしまう。一気にモチベーションが下がるのである。

そのような理由もあって、何がなんでも6時に終わらせようと頑張ったのだ。

時間を詰めると、自分の弱点が見えてくる

ところが、その頃までの私の仕事は少々詰めが甘い傾向にあり、大事な要件が抜けていたりしていた。そのため、当時のチームメンバーは、私の尻拭《しりぬぐ》いに奔走《ほんそう》することもしばしばだった。非常に申し訳ない気持ちでいっぱいだった。

結局、仕事を早く終わらせても、その後問題が生じたら、余計に時間がかかってしまう。それもこれも、早く終わらせることが目的になっていたからである。**いい仕事をすることが目的であれば、もう少し時間を使ってでもしておきたいことがある**はずだ。

仮に6時に終わらせたとしても、品質向上のためにプラス1時間を使うことも考えられる。つまり、リスクマネジメントのために時間を使ったほうが、結果的に後でムダな時間が生じるのを防ぐことができるということだ。

たとえば商品の企画であれば、企画自体のことだけでなく、仕様の確認など説明しておいたほうがいいことを関係者に電話やメールで伝えたり、つくったものに対してマニュア

ルを残したりすることもあるだろう。

つまり、起こるかもしれない問題に対して、先回りして処理しておけば、リスクを減らすことができるということだ。プラス1時間をかけて、仕事が終わる時間が7時になっても、他の人よりまだ早い。しかし、その1時間のおかげで、仕事のクオリティは他の人よりも高くなるだろう。

他にも、チームメンバーが私のポカを先回りして確認してくれるようになったことは、想定していない付随的なメリットであった。当時の彼らは怒っていたと思うが、今は別の感想を持っていてくれたらよいなと思うのは、自分勝手だろうか。

18時に終わって何をするのか

仕事を早く終わらせようと、整理術や段取り術など、やり方をまず探す人が多いと思う。しかし、それ以前に「本当に早く帰る」という行為に対する意思が弱いとうまく行かない。やり方はプレッシャーがあれば何とでもなるが、本を読んだり他人の話を聞いただけでは根本的な解決には至らない。

早く帰ると決めたところで、次にまた問題が出てくる。

実際に夕方6時に仕事を終えてオフィスを出たとして、いったい何をすればよいのだろうか。リスクマネジメントにプラス1時間をかけたとしても、7時である。

私もそういう部分があったのだが、遅くまで会社で仕事をしている人は、仕事を早く切り上げてまでやりたいことがない、という傾向にあると思う。大量の仕事を長時間こなしている人ももちろんいるが、それは一部である。多くの人は、普通の人と同じ量の仕事をだらだらと長い時間をかけてやっているのである。早く仕事を切り上げても給料が上がるわけではないし、残業代も付くから、そのような行動を取ってしまう部分ももちろんある。

つまり、**早く終わらせるインセンティブがない**のである。

読者の方々の中にも、先だってのリーマンショック後、残業禁止令を経験した方もいるだろう。その間、6時に帰って何をしていただろうか。

最初の頃は家族と一緒に夕食がとれてよかったと思ったかもしれない。あるいはスポーツや勉強を始めた人もいるだろうし、人と会う約束を増やした人もいるだろう。しかし、

「他にやることがないから時間を埋める」ことを目的とした活動は長くは続かない。家族との時間を過ごすにしても、時間があるから一緒にいればよいというものではなく、時間をとると決めて過ごす時間のほうが有意義になる。

つまり与えられた時間ではなく、**自分からつくった時間**で何かをすることが重要だということだ。その前提さえあれば何をやってもよいと思うし、それが仕事や私生活を充実させる結果につながるはずである。

第4章

働き方編

二流は「単純作業」と嘆き、一流は「実験の場」と喜ぶ

時間の使い方が下手な者ほど、真っ先に時間が足りないと不平を言い出す。

ラ・ブリュイエール

『カラクテール―当世風俗誌』（岩波文庫）より

華やかなプロゴルファーの退屈な日常

基本的に、仕事はつまらない――。

そう感じている人も多いのではないだろうか。

しかし、私は、面白い仕事とか、面白くない仕事というのは基本的にないと思う。面白い仕事の仕方と、面白くない仕事の仕方が存在するだけである。そして、面白い仕事の仕方をしていると、結果として仕事が面白くなる、と考えている。

たとえばプロゴルファーという職業がある。毎週トーナメントに出る。よいプレーをすると拍手喝采《かっさい》を浴《あ》びる。活躍をして人気が出てくると、メディアの取材が増えて露出も高まる。ＣＭにも出演するようになる。かくして、トッププレーヤーは賞金だけでなく広告収入などで普通の人の生涯賃金を1年で軽く超えてしまう。

とはいえ、スポーツ選手に関して私たちが目にしている華やかな部分はほんの一部でしかないというのは、あなたもご存知の通りである。しかし、もう少し突っ込んで見てみよう。「一部」というのも、全体の一部の人であり、その人たちの生活のほんの一部という意味でもある。

ゴルフが大好きな私であっても、プロゴルファーの生活はもしかすると面白くないのではないか、と思う。

まず、基本的に地味である。地味というのは、練習をこつこつやっているという点だけでなく、生活も相当地味なのだ。

トーナメントプロの生活は、特にシーズン中は毎週、毎日同じことの繰り返しである。彼らのスケジュールは、週単位でほぼ決められている。月曜日の夜に、次のトーナメント会場に移動する。移動といっても中途半端な移動ではない。たとえば2010年の8月・9月の日本の男子プロの試合開催会場は、京都→福岡→山梨→北海道→兵庫→愛知である。ゴルフ場は基本的に街の中心部から離れた場所にあるから、飛行機、新幹線、自家用車、レンタカーを乗り継いで、少なくとも半日、長いと1日がかりの移動である。

火曜日は練習ラウンド。試合に向けてプレーしながらコースを詳しくチェックする。水曜日はプロアマトーナメントがあり、ラウンド後は懇親会。木曜日と金曜日は予選。予選を通過すれば、土曜日と日曜日は決勝トーナメントである。自宅に帰れる可能性があるのは日曜日の夜だけなのだが、次の試合会場との兼ね合いによっては、自宅はスルーしてそのまま移動ということになるだろう。予選落ちすれば週末は自宅で過ごせるが、それは望む姿ではないはずだ。

１日の仕事も地味である。朝起きてストレッチや筋トレをする。朝食はホテルかゴルフ場でとる。コースに着いたらパッティングの練習をして、ショット練習をし、そして、コースを回る。ラウンドが終わったら、その日に見つかった課題を解決するために練習グリーンかドライビングレンジ（打ちっぱなし）で、日没まで練習をする。ゴルフ場を出てホテルに向かう。途中で食事をとることもあるが、ゴルフ場は基本的に田舎にあるので、店の選択肢も少ない。また、食事をした後も特に遊べる場所もない。翌日の朝も早いので、風呂に入ってストレッチをしたらベッドに入る。

その間は、家族や友人には会えず、ほとんど１人で行動する。トッププレーヤーは専属キャディとマネジャーと行動をともにすることもあるが、多くて数名である。

あなたの生活と比べてどうだろうか。普通の会社勤めのほうがいろんな選択肢や刺激があり、自由度が高いと感じる方もいるのではないだろうか。華やかな部分だけを切り取って、プロゴルファーは楽しそうだと思ってしまうが、実際のプロゴルファーの生活はこんな感じである。

しかし、である。そういう一見つまらなさそうな仕事の中で、**自分なりの面白さを見出した人がトップに上っていく**のである。

仕事は飽きるが、ゲームは飽きない

プロゴルファーの仕事を例に取ったが、実はこれは例としては不適切かもしれない。なぜなら、プロゴルファーには普通に会社勤めをしていては得られない名声や報酬という見返りがあるからだ。個人事業主でも会社勤めでも、トップクラスのプロゴルファーほどエキサイティングな見返りがあるとは必ずしも言えない。

しかし、名声や報酬が大きいから努力をするというのが正しい姿、あるいは人間の自然の姿なのかと問われると、そうではない気もする。それほど人から注目されなくても、報酬が大きくなくても頑張っている人はたくさんいる。私もその1人である。

頑張るかどうかは、結局その仕事が好きかどうかということと、こだわりを持って取り組んでいるかどうかなのではないか。成果や報酬は、あくまで結果であり、それはその仕事の希少性とビジネスモデルに依存する。

私事で恐縮だが、私はどんな仕事も面白いやり方でやってきたと思う。私も社会人になるまでにいろんな仕事を経験してみた。初めてやったバイトはコンサートの会場整理である。

私は80年代に中学生時代を過ごしたが、その頃はＵＳ・ＵＫミュージックの全盛期であった。少しませた友人にいろいろ教えてもらって、流行の洋楽を片っ端から聴いていた。

その友人が、名古屋にミック・ジャガー（イギリスのロックバンド、ローリング・ストーンズのボーカルとして世界的に有名なミュージシャン）が来るのだが、そのコンサートの会場整理のバイトに行かないか、きっと生ミックを見られると言う。わくわくしながら実際行ってみると、駐車場整理に回されて、しかも雨の中ずっとクルマの誘導をしていた。中学生だったからナメられていたのだと思うが、最後のアンコールのところだけ、温情で会場に入れてもらえた。遠くから「Start me up」を歌っていたミックの姿は今でもよく覚えている。

中学校卒業から高校に行くまでの春休み10日間は、中華料理屋で皿洗いをやった。高校生のときはうどん屋で1年ほど働き、最初は皿洗いだったが、途中から調理の仕事もある程度任せてもらえるようになった。ちなみに、両親の名誉のために付け加えておくと、生活の足しにしようとやっていたわけではない。お金をもらってやる仕事がどういうものか知りたかったし、いろいろ買いたいものがあった、というのが理由だ。

大学生のときには西新宿にあるKDDIビルで国際電話オペレーターをやっていた。これは1人暮らしを始めたので、生活のためという要素が強かった。

ここに挙げた仕事は、どれもすぐに習熟してしまうので、飽きてしまう。かといって仕事と関係ないことをやってサボるのは良心の呵責《かしゃく》がある。だから何らかの知識やスキルが身につくゲームをやっていた。

たとえば皿洗い。汚れた食器を洗浄機に入れて洗うのだが、適当にやるとご飯粒だけじゃなくネギとかわさびとかが残ってしまう。かといって手で洗う作業を1回入れると生産性が落ちる。そこで、食器洗浄機への皿の置き方を工夫する。満遍《まんべん》なく水があたるように、洗剤が残らないように置く。量が多くなってきたら下膳された順番に入れては秩序が保てないので、平皿の番、コップ類の番、どんぶりの番などと一旦整理し直して入れる。そのためには洗い物の置き場所、洗った後の中間資材の場所などを工夫する。

調理は卵を片手で割ることから始め、殻《から》が器に入らないように10秒間に何個割れるか先輩と競ったりした。その店では、うどんの汁の量が標準化されていなかったので、器の大きさごとにオタマ何回分などと決めていく。メニュー別のオタマをつくって商売にしようかと本気で考えたこともある。また、卵とじうどんは私が店で一番上手につくることができた。卵をふわっととじ、丼の表面が卵で覆《おお》われるように鍋から移し替える。それには、汁の量、卵の溶き具合、丼と鍋の持ち方やスナップの利かせ方など、ちょっとしたコツが必要なのだ。そうなってくると、卵とじうどんが注文されると、他の仕事をやっていてもお呼びがかかるようになる。このように、次々に面白いネタが出てくる。

ＫＤＤＩ時代は、まだ国際電話と言えばオペレーターを介してというのが普通であった。スピーディに繋ぐには、国番号、市外局番、都市ごとの時差の知識が必要だ。国番号や市外局番、主要都市名などを、仲間とクイズをしながら覚えるのが面白かった。また、深夜12時を過ぎると電話の件数が比較的少なくなるので、よく使われる外国語の基本の勉強やキーボードのブラインドタッチの訓練をひたすらやっていた。

面白いことはそこら中に転がっている。キーワードは、ゲーム化、日常へのフィードバック、勉強との接点、自分のポジションの構築である。

繰り返すが多くの人が気付いていないのは、**面白い仕事は、つまらない仕事の積み重ねで成り立っている**ということである。

たとえば、メジャーリーガーのイチロー選手。一見華やかに見えるが、毎日毎日同じことをひたすら繰り返している。一日中ということはないが、何時間もバットを振り続けているだけである。

傍から見たら、「なんてつまらない仕事なんだろう」と思う。しかし、1回バットを振るたびに、相手投手が投げる球種をイメージして振っているはずだ。本人は間違いなく「面白い」と思っているに違いない。

要は、自分次第ということである。

「毎日同じ仕事をさせられてつまらない」と思う人もいれば、「毎日、いろいろなパターンを実験できるので、同じ仕事であっても面白い」と思う人もいる。

人の仕事を羨ましく思ったり、仕事とは別のところに生きがいを見出したりすることで得られるものは少ないのではないだろうか。

仕事と賃金

先ほど例に挙げたアルバイトは、とても楽しくやっていた。ただ私には不満があった。この手の仕事をいくら工夫したところでたいした給料がもらえない点である。コンサートのバイトは8時間拘束《こうそく》で日当5000円で交通費込み。中学春休みの皿洗いは時給450

円。高校のうどん屋は550円だった。高校生ながら、これを月に200時間やっても11万円だから、小遣いならいいけどこれじゃ生活ができないことは理解していた。KDDIは夜9時から25時までの勤務だったこともあり時給2000円だった。月に9万円くらいもらっていたと思う。有給休暇もボーナス（年2回各1ヵ月ずつ）もあった。週5日来ている40、50代の人もいた。たぶん、1日4時間労働で年収250万くらいだったのではないかと想像する。かなり割のいい仕事だったと思うが、私はこれをずっとやるのはちょっと無理だなと思った。20歳前後の学生ができることと同じ仕事をしている。しかも、毎日変わらない。他にやりたいことがあったり、仕事は単に生活の糧《かて》と割り切れるなら、そういう生き方もあるだろうとは思うが、私には向いてないと思った。

職業に貴賤《きせん》はない。しかし、社会的評価の高低と報酬の多寡《たか》があるのは事実である。社会的評価と報酬は、イコールではない。弁護士の社会的評価は高いが、弁護士よりも儲かる仕事はいくらでもある。儲かっている弁護士もいるが、同等の所得を得る他の商売の経営者のほうが数が多い。

どういう仕事をするのかは人それぞれ自由に決めればよいと思う。

できることとできないこと。

やりたいこととやりたくないこと。

やるべきこととやるべきでないこと。

そんな自分との対話の中で決めればよいと思う。しかし、所得の話は避けては通れない話であるし、人によってはとにかく所得の高い仕事、という人もいるだろう。

人に値段が付いているわけではない。私が飲食店の皿洗いをしたとして、どれだけ頑張っても年収２５０万が最大だ。しかし、都心の高級ホテルのレストランでやると、年間10万くらいは余計に稼げるかもしれない。同じことをやっていても所得は、職務内容とその働く場所によって決まる。

結局のところ所得はどれだけ替わりがきく仕事をしているかと、勤務先のビジネスモデルの二つでほとんど決まるのだ。

実はこの二つは「差別化」という点で同じことを言っている。あなたの仕事が差別化できているかということと、勤務先自体が業界の中で、あるいは勤務先の属する業種そのものが差別化できているか、ということである。

「標準化の圧力」との戦い

前出のファミレスの話のところでも述べたが、マネジメントが常に考えていることは仕事の標準化である。オペレーションを低コストで安定的に回すため、人によって異なる（属人的）ことのないよう、一定水準の素養が前提で、誰がやっても同じ結果が出るようにオペレーションを設計する。いわゆる、「工夫」や「裁量」は、その上に乗せる。

また総合商社のような業種は、まずアタッカーのような社員が商権を獲得し、小規模に始める。いろいろトラブルも出るが、リスクとリターンの幅の現実的なところも見えてきて、何とか落ち着く。そうしたら次は専門子会社をつくってそこで運営し、親会社よりも低い賃金で、親会社のブランド力を盾《たて》に良質な人材を雇用していき、競合他社よりも効率の高いオペレーションで利益を生み出す。

あるいは事務センターを構築して、コスト削減と、各拠点業務の平準化を狙う。全国各地に営業拠点が存在するとしても、昔と違って収益的に事務を2人雇えない。しかし、2人はいないと休みや退職などによる人の入れ替わりに対応できず、その拠点の事務は崩壊してしまう。それを防止するため、契約書類をスキャナーで現地から送り、本部の集中センターで電話、事務の確認をする。東京でやると高いから、北海道、長崎、沖縄などに事務センターを構築する。ある地方都市の場合だと、税理士資格を持つような人材を時給1000円で雇えるという話もある。その仕組みが構築できれば、営業拠点の事務員は電話に出られて、郵便物の処理ができ、書類は事務センターにスキャナーで送ればよい、という仕事になってしまう。

これが現実である。

チャップリンの時代からはずっと工場でそれが起こっていたが、90年代後半からはホワイトカラーの世界で同じことが起きている。そして、21世紀に入って、その傾向は加速度を増している。だから、世の中の仕組みが進化すればするほど、社会が安定を求めれば求めるほど、人の仕事は標準化され、結果として簡単で低賃金の仕事が増加する。つまり、ここ数年の就労者の賃金下落傾向は、決して景気の問題ではない。

これが現在の「Modern Times」である。

どう差別化するか

このように、我々働き手は標準化の圧力にさらされている。あなたの仕事は、以下の3点に照らし合わせみてどうだろうか。

①よその国、特に発展途上国にできること
②コンピュータやロボットにできること
③反復性のあること
(『ハイ・コンセプト』ダニエル・ピンク著を参考に作成)

もし、あなたがこの三つの条件に一つでも当てはまる仕事をしているとしたら、将来をよく考え直す必要があるだろう。もちろん、先述の通り、どんな仕事を選ぶかは好みの問題である。その仕事が好きなら続ければよいと思う。しかし、何年か先には発展途上国並の賃金を受け入れなければならない可能性が高いことを、視野に入れなければならないだろう。

働き手は、標準化の圧力との戦いである。戦いと言っても、「抗《あらが》う」という意味ではないし、抗っても仕方がない。現に、自分たち自身が消費する際にそういう行動をとっているからだ。

スーパーで板チョコを買うとしよう。明治、森永、ロッテの３種類が並んでいる。値段が全く同じだったら、好きなものを買う。では、その好きなものよりも、他の二つのほうが値段が安かったとき、いったいいくらまでの差なら好きなほうを買うのだろう。買い物で何か一つを選ぶ。一つが選ばれた瞬間に、他の二つは競争に負けているのだ。

我々も社内で、あるいは労働市場で同じように選ばれているのである。選ばれないと感じている人は、自分が選ぶということに敏感になることから始めてみてはどうだろう。

なぜそれを選んだのか。選ばれなかったものにはどういうものがあるのか。好きなものといっても、10円安い程度で買わなくなる程度の好みなのか。あなたの選び方のこだわりが、相手からの選ばれ方と比例する可能性があるからだ。なんでもいい加減に選ぶ人は、いい加減に選ばれる。安いものばかり選ぶ人は、安いかどうかで選ばれてしまうものだ。

それでも、仕事を楽しむ

あなたが選ばれる人間であるためには人と違うことをやることが重要なのだが、一方であまり極端に違ったやり方はご法度《はっと》、という風潮がある。そのことが、差別化を難しくしている点は押さえておいたほうがよいだろう。

特に最近はコンプライアンスを重要視する傾向が強くなり、昔のように「結果よければ全てよし」「勝てば官軍」ということがNGになった。きちんと筋を通して仕事をしなければいけない。

たとえば、営業職であれば、「もう最後はいいよ。えいや」といったアクロバチックな手段で成績を残すことが難しくなった。

また、事務はミスを恐れるようにもなった。ちょっとミスをしただけでうるさく言われる。「個人情報が漏洩してしまったら」など、ビクビクしながら仕事をしなければいけない。

システム部も同じだ。セキュリティが少しでも甘かったりしたら、何が起こるかわからない。何か起きたとき、責任を取らされるのはシステムの人間だ。

つまり、「失敗しないように」「問題が起こらないように」といった**守りの姿勢で仕事をせざるを得ない状況**にある。そのような現状で、「仕事を楽しめ」と言うほうが無理なのかもしれない。

しかし、これも受け入れるべき前提条件である。この中でどうやっていくかが、頭の使いどころだ。

あるいは、今の仕事は先ほどの三つの条件に当てはまるし、ガチガチに仕事をするのは嫌だからと、流行《はや》りの朝活（出勤前の朝の時間を活用して、仕事や勉強、交流などの自己研鑽《けんさん》にあてること）や副業などに手を出せばいいと勘違いする人もいるのではないだろうか。また、ワーク・ライフ・バランスと言って、アフターファイブや週末をエンジョイする人が多くなってきたのも、そのせいかもしれない。

でも、それは少し違うと私は思う。

やはり**現在やっている仕事の中で、面白さを見出す**必要がある。なぜなら、私たちの人生で最も多くの時間を費やしているのが仕事だからである。そして、その気になれば面白くするネタはそこら中に転がっているからである。あなたが無能だと思っている上司も、あなたが本当にハイパフォーマー（仕事のスキルに長《た》けていて、高い業績を残せる優れた人材のこと）で、優れた意見を持っていれば、耳を貸さざるを得ないのである。

高級ホテルの行く末と残念な日替わりランチ

先日、取引先とランチを食べるために、赤坂にあるホテルのコーヒーハウスを訪れた。このコーヒーハウスは、ホテルが永田町に近いこともあって、政治家の顔もよく見かけるところなのだが、まもなく閉館することが決まっている。昔からよく使っていることもあり、特にそのことは意識せず訪れたのだが、サービスレベルの低下ぶりに愕然《がくぜん》とした。

まず、「今日の日替わりランチは何ですか？」と聞いたところ、その店員は「少々お待ちください」と言って、日替わりランチのメニューを確認しに行ったのだ。11時30分と少しランチには早かったので、我々が日替わりを頼む最初の客だったのかもしれない。それにしても、赤坂にあるホテルのコーヒーハウスである。

閉店による店員のモチベーションの低さが、ありありと伝わってくる。立つ鳥跡を濁さずではないが、テーブルに敷かれたランチョンマットは甚だしく色が褪《あ》せているなど、全てにおいてサービスの質が落ちていた。ただし、値段は従来通りである。

なぜこういうことが起こってしまうのか。

おそらく、マネジャー自身のモチベーションが低くなっているからだろう。店にかつてのプライドが感じられない。それを感じ取るスタッフのモチベーションも下がってしまうのだろう。

そういう視点で店内を見渡していると、「これが朽《く》ちていく高級ホテルの行く末か」と少し感慨深くなってしまった。

乱暴な言い方をすれば、「どうせ終わってしまうのだから、一生懸命に仕事をしても意味がない」と思っているのかもしれない。

こういった仕事の仕方でいいのだろうか。

正論を言えば、来店する客にとって閉店するかどうかは関係ないのだから、閉店する最後の日まで今まで通りのサービスを維持しなければいけない。いや、むしろ、これまでお世話になった方々に感謝の気持ちを伝えるためにも、今まで以上のサービスを提供するべきだと考えるのは、求め過ぎだろうか。

もう少し打算的に考えてみてもいいかもしれない。

悪い噂というのは、必ず広まる。今後転職するとき、「あのホテルで働いていました」と言っても、「最後はひどい仕事をしていたところだな」と思われてしまう。結局、ずさんな仕事をしていると、自分に返ってくるのである。

最後まで最高のサービスで仕事をしてくれたら、逆に感動してしまう。ちょうど映画『タイタニック』に出てきた楽団のように、である。すると、ひょっとしたら、「あのコーヒーハウスにいた従業員は全員来てください」という誘いがあるかもしれないではないか。**「最後まで評判がよかったね」と言われて最後を迎えることは、自分の評価そのもの**である。そのあたりのことをマネジャーはしっかり認識し、従業員にも意識させる必要があるだろう。

サッカー日本代表の岡田前監督に学ぶマネジャー論

マネジャーの話で脳裏に思い描いたのは、サッカー日本代表の岡田武史前監督だ。

2010年ワールドカップ南アフリカ大会を見ていると、選手たちは大会が始まる前から「岡田監督について行きます」と言っていた。誰が何を言っていたか、正直忘れてしまったが、ほとんどの選手が岡田監督を支持していた。

ワールドカップが始まる前は、岡田監督に対するマスコミの評判は最悪だった。大会直前の4試合で「勝ち」という結果が出なかったからである。

マスコミの批判を一手に集め、「本当に岡田監督でいいのか」という監督交代論も飛び出す始末。しかし、**選手たちは監督を信頼していた**のである。

プロスポーツの監督の心構えとして、「勝ったときは選手のおかげ、負けたときは監督のせい」というのがある。

プロの世界では、必ず結果が問われる。負けたときに批判されるのは、ある意味仕方がない。しかし、批判が選手たちに向かわないように、岡田前監督は矢面《やおもて》に立って批判を受けていたように見えた。

実際、自分からわざわざ批判されるような発言をしていたようにも見受けられる。「自分が監督を辞めたほうがいいのではないか」といった内容のことを発言したのは、自分に批判を集中させる狙いがあったのではないかと私は推測する。

これは、**マネジャーやリーダーにとって、正しい姿**である。

選手たちは「本当はシュートを外した俺が悪い」「点を取られた俺たちが悪い」と思っているだろう。私がキャプテンなら「監督にあそこまで言わせて恥ずかしくないか！」と活《かつ》を入れてしまいそうである。

会社の中を見渡すと、こういったマネジャーやリーダー、上司は少ない。「あいつが悪い」「トラブルになったのは、お前のせいだ」と言って、個人的に批判する。しまいには、成果が出なかったときは部下のせいにして、成果が出たときは自分の手柄にする上司がいる。

とても残念な上司である。だからこそ、飲み会などの席で上司の悪口が酒のつまみになるのだろう。

もしも「今すぐ首相に会いに行こう！」と言われたら

社員同士で飲みに行ったり、友人と飲んでいたりすると、必ず上司や社長の悪口、会社の悪口を言う人がいるものだ。私自身は、ここ数年は、そういう輩との交流は意図的に避けているのだが、会社勤めしていた8年以上前は、私も愚痴を言っていた。

残念な上司が多いのだから、必然的にそういう状況になるのはよくわかる。悪口を言うことで日頃のストレスを発散させるのもいいだろう。

転職の理由で言えば、「キャリアアップのため」と言う人が多いが、本音は「上司との人間関係」という人も多い。

人間関係を理由にすると次の会社で採用されにくいために隠されてしまっているが、潜在的には人間関係が原因で会社を退職する人が多いのは周知の事実だろう。

「やりたい仕事ができないから」という理由も、根本的には人間関係がうまくいっていないからかもしれない。

私も会社勤めをしていた頃は、苦手な上司がいた。

しかし、あえて厳しいことを言えば、**結局上司の悪口を言う人も残念な人**なのではないだろうか。

仕事で付き合う相手は、自分を映す鏡でもある。

たとえば、「その程度の上司としか付き合えないのは、あなたのせい」でもある。「取引先は頭が悪くてどうしようもない」と愚痴る人は、そのような取引先としか付き合えない人でもあるのだ。

つまり、**自分が付き合える程度の人としか、人は付き合うことができない**のである。

極端な例で言えば、「日本の政治がダメだ」「総理大臣のリーダーシップがない」と批判する人に、「じゃ、今から首相のところに連れて行くから、ディスカッションしましょう」と言うと、多くの人は挨拶程度しかできないだろう。一方、生半可な知識でも臆すことなく、知名度に任せて直接首相に意見を言う人も時々いるようだが、相手の苦笑を誘うのがオチである。

人間の活動には「稼ぐ」「使う」「休む」しかない

人間の活動は、大きく分けて「お金を稼ぐ活動」「お金を使う活動」、そして「休むという活動」の三つに分類できるだろう。

十分に稼いでいるとは自分で思えない人は、稼ぐために時間を割いているとは言い難い人なので、相対的にお金を使う時間と休む時間が増える。だから、お金は減る一方なのである。

お金がかからない遊びをしたり、ただ休んでいるだけだと、「節約疲れ」を引き起こす。

つまり、**「稼ぐ」「使う」「休む」の三つの活動をバランスよく保つ**ことが重要なのである。

順番から言えば、まず「稼ぐ」――。「使う」ために、「休む」ために、「どうすれば効率よくお金を稼げるだろうか」を考える必要がある。

目的は、あくまでも「使う」ことなのではないだろうか。

誰でもお金を使って遊びたいと思う。仲間に誘われてダーツやカラオケに行くくらいなら、財布と相談せずに気軽に「OK！」と即答したいものだ。そのために「稼ぐ」という活動があると言っても過言ではない。

では、**現在の仕事を辞めずに、どうすればもっと稼ぐことができるか**――。

多くの人は固定給だと思う。どんなに仕事を頑張っても、来月から急に給料が2倍にな

「稼ぐ」「使う」「休む」をバランスよく

バランスのいい人

使ってばかりの人

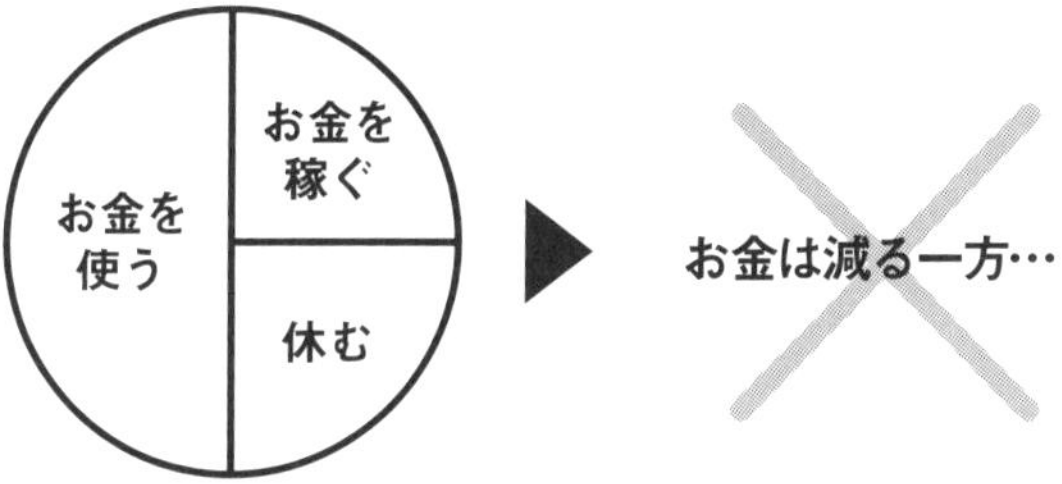

休んでばかりの人

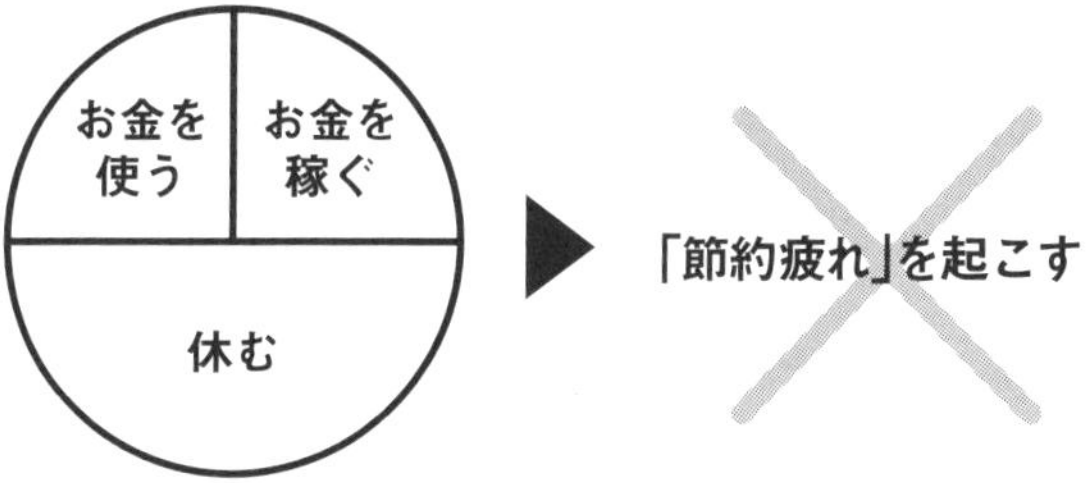

るようなことはない。出世したり昇給したりするだろうが、毎年少しずつ増えていくだけだ。私も税務上は給与所得者であり、毎月固定給であり、年に1回しか月額給与は変更できない。

一番してはいけないのが、時給で働くのを追加することだ。会社が終わった後に、コンビニやファミレスでバイトをしたりしても、得るものは少ない。ストレスと疲労が溜まるので、いつか破綻《はたん》してしまう。本業に悪影響が出ることは容易に想像できる。やはり「休む」という行動も重要なのである。

もちろん、王道は今の仕事をこれまで以上に真剣に取り組み、かつ勉強量を増やすことである。内向きの視点を取り去り、顧客のほうを向いて仕事をする。目の前の顧客1人1人が何を求めているか、対話の時間を増やしつつ真剣に考える。それがわかったら、そのソリューションを真剣に探す。同じような顧客がもっと増えないかを考え、行動するのだ。あなたがバックオフィス（対外的な顧客対応などではなく、後方で事務や管理業務を行う部門）の仕事をしているならば、「顧客」を「社内の取引相手」と読み替えれば同じことだ。

勉強も、MBAや英語ではない。直接仕事に繋がる勉強をしなければならない。

あなたの担当する顧客は創業何年で、誰がどういう目的で設立した会社なのか。売上高、利益はいくらで、従業員は何人か。

社内の規定集を全て読み通したことがあるか。自社の商品名を全て言えるか。商品の主要機能、導入方法、効果、リスクは何か。あなたが書き込んでいるその社内書類のフォーマットは、いつ誰がどういう目的でつくったのか。その五つのチェック項目は、なぜ五つであり、四つや六つではないのか。

あなたが使っているPCはどういう風に動いているのか。どこのメーカーのなんというPCで、どんなチップを使っているのか。エクセルを使っているとしよう。エクセルのメニューバーで表示される機能を全て使ったことがあるか。送信ボタンを押すとメールが送られるが、それはどこを経由してどのように送られているのか。

さらに、こうした身近なことを知っているだけでなく、他人に説明できるほど十分に理解できているだろうか。

このような勉強はタダだ。しかも、調べていくうちにいろいろ疑問が湧いてくる。それを社内の専門家に尋ねれば人脈が広がるし、図書館で本を借りても、目的に合った勉強ができる。

会社が嫌で転職したい人には、せめてこれくらいの勉強はしてから「つまらない」と言ってほしいと思う。面白いこと、勉強すべきネタはそこら中に転がっているのだ。

それでも、自分の会社の将来性のなさが明らかで、早めに新天地に行きたいという人もいるだろう。会社がなくなってしまうのは、社員の責任ではないことのほうが多い。あるいは、会社という枠組みにとらわれず、自分で何かをやってみたいという山っ気のある人もいるだろう。また、会社を辞める気はないが、自分の能力を試してみたい、という人もいるだろう。

そういう方に私がお勧めしているのは、固定給がある間に自分のやりたい仕事をやってみることである。

本業の合間に起業する「第二本業のすすめ」

起業した人が失敗する理由は星の数ほどあるが、基本的なものに、そもそもその市場が存在するのか、そのやり方で商売になるのか、その人は起業できるほど精神的に自立しているのか、という点がある。

それを確認するために、会社を辞める前にビジネスを始めてみてはどうだろうか。もしやりたい仕事があるのなら、本業の合間にやってみるのだ。一般的には副業と言われているることだが、副業という言葉は、「主」の仕事がないと「副」の仕事が成り立たないという意味である。

だから、副業ではなく、第二本業と捉えたほうがいい。第二本業の本当の意味は、うまく行ったら、次の本業になることである。

昔、私はネットでゴルフクラブ屋をしていたことがある。ヤフーオークションでゴルフクラブの売買をしていたのだが、発送やメールなど、面倒な作業が多く、結局割に合わなくて止めてしまった。

そのとき、「会社を辞めてなくてよかった」ということを痛感した。もしゴルフクラブ屋をやりたいと思って、会社を辞めていたら大変なことになっていただろう。他にも、フラワーアレンジメント教室もやっていたことがあるが、これ以上大きくするには本格的な投資が必要な段階に来た時点で、私は腰が引けて社員に譲渡してしまった。

つまり、固定給のある間にやりたい仕事をすれば、失敗しても大した痛手にはならないし、自分が期待したほどではないがそこそこにうまく行けば、譲渡すればよいということだ。やってみないとわからないことは多い。ゴルフクラブの売買で食っていけると思っていたが、実際は食えなかったのである。

だからこそ、本業の合間に新しいチャレンジをする意味がある。その過程で自分の貴重なお金と時間を費やして得られることは、本では絶対に得られない。**自分で経験したことを本によって整理することはできるが、本で読んだことを経験に生かすのは難しい。**

たとえば、ラーメン屋をやりたい人は、夜もしくは土日にラーメン屋で働いてみるといい。ネットショップをやりたい人は、ネットショップ運営会社に頼み込んで働かせてもらえばいい。

これは時給で働くという意味ではない。ラーメン屋での給料は時給かもしれないが、その背景にはラーメン屋を起業する準備があるからだ。同じラーメン屋のバイトでも、目的によって捉え方が変わってくるということだ。

やりたいことであれば、「休む」という活動をしなくても大丈夫である。人間のモチベーションには、すばらしい効果があるのだ。先述の通り、人間は意外にタフなのだ。

１年前と同じ仕事をしている残念な習慣

ここ1、2年前くらいから、昔ながらの東急ハンズの面白さを取り戻そうという動きがあると聞いた。

「ヒント・マーケット」というらしいが、東急ハンズのニュースレターによると、「消費者ニーズの多様化に対応したもので、お客さま1人1人に合った豊かな生活を過ごすための『ヒント』を積極的に提案する」ということだ。

「ヒント・マーケット」とは心に残る言葉だが、我々は生活を楽しむためのSomething New――何か新しいもの――やヒントを探しに店を訪れる。必要なものを求めることだけが買い物ではない。

それには、ヒントを与えられる、Something Newを提供できる人材が必要だ。いや、人間にしかそういう提案はできない。

しかしながら、多くの職場には低付加価値業務が多く残っている。これはエンジニアリングによって十分解決可能なものだ。

単純労働を長期間にわたって安い時給でさせるような仕事はあってはいけない――と私は思う。

その理由は、人は成長するための努力を止めたとき、一気につまらない人間になってしまうからだ。惰性で生きることほど残念なことはない。

たとえば、次のような質問を自分に問いかけてほしい。

1年前と違う仕事をしていますか？

10年後、この仕事をしていて何か変わりますか？

1年前と同じ仕事をしている人は、残念な人だ。もしそういう人がいれば、「そんな仕事をしていて楽しいですか？」と聞いてみたい。

これは、個人にも問題があるし、そのような仕事をさせている、あるいはそういう業務を残している経営者やマネジャーにも問題があると思う。

たとえば、20歳前後の女性が、30歳になりました。あいかわらずレジ打ちをしている。さらに40歳になっても、やはりレジ打ちをしている。

20歳の人がする仕事と40歳の人がする仕事が、全く同じアウトプットでいいのだろうか。そのような仕事が存在してもいいのかと、私は普段から疑問に感じているのである。

そのような仕事をしておきながら、あるいはさせておきながら「売上が上がらない」「給料が上がらない」と言うのは、どうだろう。

もちろん、どのようなビジネスでも人間がやらざるを得ない低付加価値業務はどうしても残ってしまう。その場合も、楽しくやろうと思えばいくらでも方法があるから、個人としてもマネジメントとしてもそのような活動を促進しなければならない。そればかりではなく、同じ仕事を長期間続けさせてはならない。

企業が成長を止めると、従業員がずっと同じ仕事をする羽目になってしまう。

優良企業の経営者が売上の拡大を求めるのは、単に儲けたいからではない。従業員が次々と新しい仕事に取り組むことで成長し、仕事の楽しみを分かち合いたいからである。

第5章

イノベーション編

もしも書店から会計レジがなくなったら…

かつて存在しなかったものに「なぜ」と疑問を突きつけ、
成し遂げようとするような人々が必要なのです。

ジョン・F・ケネディ
『1963年6月28日アイルランドでの演説』より

他業種の仕組みを盗む「ベンチマーク」の習慣

現在、家電量販店の勢いがすさまじい。一方、百貨店の売上は年々減少傾向にあり、閉店を余儀なくされた店舗も数多い。

東京・有楽町のそごうがあった場所にはビックカメラが進出し、池袋の三越跡地にはLABI（ヤマダ電機）ができた。また、有楽町の西武百貨店が閉店した後（2010年12月閉店予定）は、やはり家電量販店が入るという噂もある（ヤマダ電機の会長は、西武百貨店跡地に出店の意欲を表明している）。

なぜ家電量販店は、これほどまでに店舗数を増やし、年々売上を増加させているのかというと、店舗のレベルの高さだと思う。中でも、店員のレベルの高さは、大規模なB2Cビジネスの中では群を抜いている。

売り場の担当者はそこに並んでいる製品のことを本当によく知っている。競合製品の1万円の差は何だと尋ねれば、機能がこうで、外観の仕上げがこうで、もしそれがお好みならば高いほうを買う価値はありますが、そうでなければ安いほうでも十分です、と客観的な意見ももらえる。店員に尋ねなくても、主要な製品の売り場にはわかりやすいPOPが掲示され、各社の機能比較表まできれいにまとめてある。

家電量販店の店員のレベルの高さには、ずいぶん昔から注目していて、仲間内でよく話題にしていた。10年ほど前の話だが、私が金融業界を担当していた頃に、比較調査をしたことがある。当時は大規模再編の前で大手が何行もあった時代であるが、上位7行に、実際に客の顔をして投資信託や住宅ローンの相談をしに出向いた。

調査の視点は、営業力がどの程度あるのかということと、客にとっての利便性の二つであるが、主な調査項目は以下の通りである。

①品揃え：住宅ローン、投資信託などリテールに重要な商品／サービスの取組み状況
②店舗設備：営業を効率よく行うための設備投資状況（相談専用ブースの有無など）
③人材：担当者の知識レベル、カルチャー、営業スキル

④チャネル：インターネット、モバイルチャネルの充実度、ATM・支店の数、配置戦略
⑤オペレーション：応対時間、説明用資料、シミュレーションツールなど

ちなみに、調査員が客を装って店舗の調査をすることはミステリーショッパーと呼ばれ、多くのB2Cサービス業で実施されている。たとえば、焼肉チェーンの「牛角」では、このミステリーショッパーにかける年間のコストが1億円近いという。「牛角」の創業時は価格、味、サービスの点で当時としては飛び抜けていて、妻と2人で頻繁に訪れていた。ジャズが流れる間接照明の店内で客単価3〜5000円程度で炭火の焼肉が食べられる、塩ダレの新規性、ごま油風味の刻みネギ、焼いて食べるデザート、網の頻繁な交換、「喜んで」という独特の掛け声が本当に新しかった。今でも我が家の定期外食リストの一つに入っているのだが、相変わらず店舗は明るく、いつも新しいメニューがあって楽しい。確かに、真似をする業態が相当増えたうえ、BSEや2006年のMBO問題などいろいろあり、前出の餃子の王将同様、一時期はその魅力が相当失われていたのも事実である。

しかし、昨今は私のような客を店に呼び戻し、ギガカルビの大ヒットに見られるように

客数を伸ばし続けているのは、このミステリーショッパーが大きな影響を与えていると見て間違いないであろう。

ともあれ、我々は特に頼まれてもいないのだが、興味本位でミステリーショッパーを実施した。

カバンの中に先ほどの五つのチェックポイントを忍ばせて各行の店舗に臨んだ。結果は、かなり残念なもので、どの項目においても、「モノを売る店舗」として家電量販店に勝るものは一つもなかった。

調査の目的の一つに、個人の資質と経営力のどちらがサービスレベルを左右するかがあった。一般論として、家電量販店よりも銀行の窓口担当者のほうが学歴も高く、給料も高い。もちろん、扱っている商品に大きな違い（目に見えるか、見えないか）はあるが、これだけサービスレベルに差が出てしまうと、サービスは経営の力が左右すると言わざるを得ない。10年前の調査であるが、それ以降再編を繰り返しながらもずっと銀行は低収益のままである。外部環境の要因もあろうが、家電量販店と比較したときに、この店舗のサービスレベルの差は無視できない。

家電量販店の店員は、それ以降も確実に進化していると私は思う。秋葉原の家電量販店に行けば「中国語話せます」と名札に書いてある店員が本当に増えた。日々改善している し、新しい商品だけでなく、これから発売になる商品についても詳しい。

他の業界でも、家電量販店から学ぶことはたくさんあるだろう。**他業種の仕組みやサービスを盗んで、自分の会社で取り入れることを「ベンチマーキング」と呼ぶ**。この習慣を身に付ければ、あらゆる場所にヒントを発見するだろう。

レジ袋で2円引き

それは、たとえスーパーに行ったときでも同じだ。

先日、昼食を買いにある駅に隣接するスーパーに入った。

このときは、最寄り駅から歩いて5分ほどかかるクライアント先と午後2時に訪問の約束をしていたのだが、駅に着いたのは15分前。前の打合せが長引いて急いで電車に飛び乗ったため、昼食をとれなかった。すさまじい空腹なのだが座ってちゃんとした食事をとるほどの時間はない。この際、少々行儀は悪いが歩きながらおにぎりでも口に入れておこうと、店に入ったのである。

そのスーパーは地上4階、地下1階の割と大き目のスーパーである。駅に隣接する入口からエスカレーターを下り、惣菜売り場を目指した。

そこで目にしたのは、68円というおにぎりの値段である。弁当の安さが話題になるなど、一部食料品の価格破壊は認識していたが、68円という安さに度肝《どぎも》を抜かれた。

そのおにぎりをレジに持って行くと、「レジ袋に入れますか?」と聞かれる。おにぎり1個だけなので、当然のように「いらないです」と断ったら、なんと2円引いてくれたのである。つまり、おにぎり1個66円ということになる。それにまた驚いた。

さらに、である。おにぎりをポケットに入れてエスカレーターで昇る途中で、飲み物を欲しがっている自分に気付き、1階のエスカレーター横に置かれていたお茶を持ってレジに並んだ。500ミリリットルのペットボトルのお茶が88円だったことには、もう驚かない。しかし、**またレジ袋を遠慮すると2円引いてくれた**のには腰を抜かした。

つまり、どんな商品でも、何点買おうとも、レジ袋を遠慮すると2円引いてくれるのである。たとえば、夕食の買い物で10点購入する場合、1点ずつ購入すれば、合計20円引きになるということだ（何度もレジに並ぶことが面倒でなければの話であるが）。

私はそうとは知らずにレジ袋を遠慮することで2円引いてもらったのだが、少し考えると値引いてくれるんだったらレジ袋はいらないという客は多いのかもしれない。別のスーパーでは、レジ袋を5円で売っているところもあるが、この店は値引きだった。レジ袋の原価は1枚2円以下なので、店としては採算割れなのだが、おそらくエコをアピールする目的もあるのだろう。

クライアント先まで歩きながら、今日の打合せで話すことをいろいろ考えるつもりだったが、道中はこのことで頭がいっぱいになってしまった。

さて、このような仕組みシステムは、他でも応用できないものだろうか。つまり、ベンチマークである。

ブックカバーは本当に必要か

たとえば、書店で考えてみよう。レジ袋に近いものとして考えられるブックカバーがいらないという人もいるだろう。少なくとも、私はブックカバーをかけてもらう習慣がない。書店でもらうカバーをつけると、本棚に入れたときに何の本だかわからなくなってしまう。「背表紙に名前が書いていないファイルは棚にしまった瞬間にもう行方不明になったと考えよ」は、オフィスにおける事務処理の鉄則である。

それ以前に、本を買って読むときには、私は本のカバーそのものを外してしまう。そのほうが読みやすいからだ。電車で本を読んでいても、他人の目は気にしないので、そのまま読む。

以上は私の行動例なのだが、書店によるブックカバーのサービスが今まで続いているのはそれなりに需要があるからなのだろう。しかし、ブックカバーはもしかするとスーパーのレジ袋と同じという可能性はないだろうか。つまり、1枚5円です、2円引きますとなると、「別にいいや」という代物ではないだろうか。実は単なる習慣なのかもしれない。店員は「ブックカバーをおかけしますか?」と聞いてくれるが、「いらない」と言っても今のところ何のサービスも受けられない。

当然ではあるが、ブックカバーにもコストがかかっている。間違いなく仕入れ単価はレジ袋より高いはずだ。書店名の入ったブックカバーをかけて電車などで読んでもらえれば、書店の宣伝になるという考え方もあるかもしれないが、他の人が読んでいる本のブックカバーを見て、「私もあの書店に行こう」と思うとは考えにくい。あるいは、かっこいい、かわいいデザインのカバーをしていると、気持ちがいいという人が一定数いる、ということかもしれない。

ムダなコストは削減するに限る。しかし、カバー自体の単価はたかが知れている。問題は人の動きである。店員がブックカバーを掛けている時間がもったいないし、前の客がカバーを頼んでいると、後ろの客はカバーが不要でも待たされる。

レジに入っている書店員を見ていると、客が並んでいないときにブックカバーを折っている。単行本用、新書用、文庫用など、サイズに合わせて素早くかけられるように準備しているのだ。
この時間は他のことに使えないのだろうか。

サービス業をエンジニアリングで考える

小売業のサービスレベル向上というと、従業員の態度や販売スキル、商品知識にフォーカスが当てられる。つまり、人に頼った改善策に取り組むことが多いように思うのだが、もっとエンジニアリング的に考えられないだろうか。あるいは、人に頼るのであれば、その人がもっと頭を使える、本当の意味でのサービスに没頭できるような環境づくりができないだろうか。

たとえば、書店のレジの場所はなぜ店の奥や真ん中にあるのだろうと疑問に思っている。単純にビルのレイアウトから見てそこにしか置けないというケースもあるだろうし、入口付近にレジを置いてお客さんを並ばせてしまうと、外からお客さんが入りにくくなってしまうだろう。あるいは、入口付近は、活気を演出するための商品陳列スペースとして利用するというのがセオリーなのかもしれない。

また、特に大型店などであえてレジを中央や奥にしているのは、店内での滞在時間を長くしてもらいたい、多くを閲覧してもらいたい、という意図があるのかもしれない。

しかし、出口に近いところにあったほうが、客としても便利だし、万引き対策にも一定の効果があるかもしれない。おそらく、サービスカウンター的な機能も兼ね備えているのだろうが、それであれば、問合せを受ける機能とレジの機能は分けてしまえばよいと思う（もちろん、商店街の小さな本屋でそれは難しいだろう）。それ以前にレジはいつも忙しそうで、とても声を掛けられる雰囲気がないので、サービスカウンターの機能が発揮されているとは言い難いと思う。

そもそも**書店にレジは必要だろうか**。

書店のレジの機能は、本にカバーをするなどの包装とお金の受け渡しという決済の二つである。店によっては、レジの奥に金銭管理の担当者を配置し、現金は全てそこでやり取りするようなシステムをとっているところもあり、その間は前と後ろで包装と決済が分業されている。

人によっては包装が不要な可能性があることは先ほど述べた。もしブックカバーが欲しければ自由に取っていくシステムにしてもよいかもしれない。

そして、決済はクレジットカードや電子マネーで購入するようにする。書籍は、あらかじめバーコードが振ってある、類まれな商品である。客が自分でバーコードを通し、カードをピッとかざすだけで決済できれば、レジの混雑は改善されるだろう。これは電車の改札や高速道路の料金所と同じ考え方である。

もちろん、全てのレジをセルフレジにすることは難しいと思う。電子マネーで支払いができない人や現金払いが好きな人もいる。

それなら、半々にするのはどうだろうか。まさしく「ＥＴＣ専用車」と「一般車」を分けている高速道路と同じ発想だ。

このようなセルフレジは、ご存知の通り他の業態では導入されている。

スーパーマーケットのイオンには少なくとも2年ほど前からセルフレジがあった。客にとって特に金銭的インセンティブはないが、何しろ早い。だいたい10台ほどのセルフレジに対して、案内兼チェック係が1人いる感じである。

最近、ローソンでもセルフレジを採用しているところがある。誰もがコンビニで丁寧な接客を期待しているわけではない。コンビニは、あくまでも「コンビニエンス」がサービスである。だから、ちょっと並ばされるだけでイライラする。

ローソンが**セルフレジを導入したことで、混雑率が20パーセント改善した**という話を聞いた。特にオフィス街の昼休み時は、レジに長蛇の列ができる。この長蛇の列が改善されることは、そのコンビニのサービスが向上したと言える。当然であるが、あまり待たされることがなければ、それだけ売上にも反映されるだろう。

コンビニの店員を見ていると、店員の少ないところでは、品出しをしている店員とレジを打つ店員が同じということがよくある。1人の客がレジに来るたびに品出しを中断して、レジを打つ。そして、また品出しに戻る。

細切れの時間しか使えないコンビニの店員の時間効率は非常に悪い。まとまった時間があれば、品出しもすぐにできるし、注文も一気に行える。「商品の並びを変えたほうがいいかも」といったクリエイティブな発想も生まれやすいだろう。

サービスをエンジニアリングで考えるとは以下のようなことだ。仕事の総量は変わらない。人間がやるか、コンピュータがやるかと考える。人間がやるにしても、従業員がやるのか、客がやるのかを考える。客が納得してやってもらえることがあるなら、従業員は他のことに時間を使える。コスト的に従業員が担《にな》うよりメリットがあるなら、客にインセンティブを払ってもよい。最終的には、従業員がやることは人間にしかできず、かつ付加価値のある仕事のみが残る。

もし多くの店員がレジから解放されれば、他の仕事ができる。書店であれば、レジとは独立したコンシエルジュカウンターのようなものが機能するかもしれない。これを今より少ない人数で回すことができれば、利益も出るし賃金も上がる。コンシエルジュカウンターが機能してくれれば、書店員は本当の「ブックアドバイザー」となり、店全体の売上もさらに上がるかもしれない。

カバン、コート、傘。これが問題だ

私は書店には、車で行くことが多い。近くの駐車場に停めて、手ぶらで書店に行くのが通常だ。よく行くのは、駐車場のある大型書店である。品揃えもさることながら、ホテルやオフィスビル、デパートのあるビルには地下に駐車場がある。エレベーターのアクセスもよく、その点でも利用しやすい。

とはいえ、何もわざわざ車で書店に行きたいわけではない。仕方なく車で行っているのである。昼間の都心では電車で移動することが多いので、合間にふらっと立ち寄ったりすることもあるのだが、そのときはあまり買わない。買っても1冊である。

なぜ、手ぶらで書店に行くのか。

その理由は、二つある。

一つは、私の場合何冊もまとめて買うので、**大量の本を持って帰るのが大変**だからだ。

今やネット書店で購入すれば、小額でも無料で配送してくれる。中には1万円以上購入すれば無料で配送してくれる書店もあるが、1万円買うにはハードカバーを少なくとも5冊以上買わなければならない。私のビジネスバッグはとても重い。まずPCが入っている。仕事の書類も入っているし、読みかけの本が1、2冊はある。その他メガネとか、常備薬とか、文房具とかその他もろもろ必要なものが入っている。本当はもっと身軽になりたいのだが、何年も同じものが入っていて実際に使うことも多いので、このパターンで落ち着いている。このカバンにさらに何冊も本を入れるのは難しい。別に紙袋をもらえばよいのだが、それはそれで両手が重くなる。

たった1冊新書を買うだけでも、送ってくれたらいいのにな、というのが本音である。さすがに1冊では、というのなら、3冊だったらどうだろうか。同じように思っている方もいらっしゃるだろう。

メール便で送れるような厚みであれば、全国一律で80円である。書籍の利幅はどの程度か理解しているつもりだが、重い本を持って帰るのが面倒だというのが理由で本を買わない人が一定数いるのであれば、80円を書店が負担することで、利用客が増える可能性があるかもしれない。

そして、もう一つの理由のほうが、私にとっては重要である。

その理由とは、**書店にはカバンを置く場所がない**――からである。

書店は、小売業としてはかなり洗練されたビジネスモデルだと思う。中規模の書店でも、在庫検索システムが置いてあるので、必要な書籍を簡単に探せるし、書籍の陳列もジャンル別に並べられていて、とても気持ちがいい。

しかし、**客の立場から見たら、もう少し買いやすくできる余地がある**のではないかとも思う。私は、書店は単に客として利用しているだけで、中のことは全くわからないが、わからないからこそ、利用者の視点でこうだといいな、という意見は持っている。

その一つが、カバン置き場だ。

多くの客は、カバンを手に書店に行く。実際に手に取って中身を確認したいときは、仕方なく床にカバンを置くという人も多い。

ずっとカバンを持っていると疲れるので、なるべく早く必要な書籍を見つけて書店を出たいとさえ思う。男の私でさえそうなのだから、女性はもっと大変だろう。

ここに、オポチュニティ・ロス（機会損失）を生んでいる可能性はないだろうか。

少しでも多くの時間を書店で過ごしてもらえれば、それだけ書籍の売上につながらないだろうか。

特に困るのが雨の日である。

雨の日はカバンにプラスして傘を手に持っている。ところが、大きな書店ほど傘立てがない。来店客が多いので「傘がなくなった」というトラブルを回避したいことは容易に推測できる。また、時々カバンを売り物である平積みの本の上に置く不謹慎な客を見かけるが、そういう人は雨の日でカバンが濡れているときにも構わず同じことをする。

しかし、カバンと傘を手に持ってまで、書店に行かなければならないような緊急の状況は本当に少ない。

雨の日は書店の売上が落ちると聞くが、その原因は案外傘立てにあるのかもしれない。

傘とカバンを置く場所があれば、もっと気軽に書店に立ち寄れるのではないだろうか。

さらに冬の季節は、みなコートを着ている。店内は暖かいので、コートを脱ぎたい人もいるだろう。コートとカバン、傘を持って書籍を手に取るのは至難《しなん》の業《わざ》とも言える。

カバン置き、傘立て、コート掛け。これらを置く場所があったらよいのにな、と本当に思う。

客は店に「Something New」を探しにくる

同じ視点で考えれば、**カートを導入する**方法もある。ちなみに、大型の書店では買い物カゴとカートが用意されているところもある。私は時々利用するが、他に使っている客をあまり見かけたことがない。存在を知らないのか、あるいは本屋でカートを押しているのが違和感のある行動なのかもしれない（実際私も少し恥ずかしいと思うことがある）。店のスペース的に使いづらいのか理由はよくわからないが、これが抜本的な解決策ではなさそうである。

書店側の立場に立ってみると、カートが通れるくらいの通路を確保すると、当然のことながら書籍を置く面積が減ってしまう。

出版科学研究所のデータによると、2009年度の新刊点数は、7万8555点だそうだ。単純に365日で割ってみると、実に毎日200冊強もの新刊が発行されている。

そんな大量の新刊を並べるためには、売り場面積を減らすことなど考えられないかもしれない。1冊でも多くの書籍を並べるために、スペースを有効活用したいと思うのも当然である。


私はネットでも書店でも本を買う。ネットで買うのは、目的買いの本だけである。というより、目的買いの本しか買えない。目的買いの本とは、気に入った著者の新刊、信頼できる人から薦められた本、書店には置かれていないマイナーな本、などである。

しかし、レコメンデーションエンジン（ユーザーの行動に応じて、その人に合った情報やモノを提供するためのシステム）が抽出《ちゆうしゆつ》した本、つまり「これもお薦め」とか、「これを買った人はこれも読んでいます」というのはよほどのことがない限り買わない。やはり目で見て買いたい。ネット書店のレビューは書いている人の素性がわからず、信用できる情報かどうか判断できかねる部分がある。

一方、書店で買う本は、興味はあるけど手に取ってから判断したいという本がまずある。次に、あるジャンルの本、たとえば犯罪学について知りたいような場合に、その該当コーナーに行って目的に合った内容が書かれていそうな本を探すケースである。最後に、最も購入金額で多いのは、「書店で薦めている本」である。その中からいろんなところに積んである本をぱらぱら見ながら、面白そうなものを見つける。

そう、私が書店に行くのはちょっと立ち読みしたい本があることを口実に、実は、**「何か新しいものがないか」、つまりSomething Newを探しに行っているのだ**。

ネット書店全体で見ると、書籍全体の売上に占める割合が急速に伸びている。私個人は、ネットと書店がだいたい半分ずつという感じである。私は普通の人よりも多くの本を買っていると思うが、そういう人は1億3000万人いる日本人全体から見ればかなり希少な部類に入るだろうから、やはり本は書店で買われるのが一般的なのだろう。

買う書籍が完全に決まっていればネットで買うだろう。書店に来る客は「なんか面白い本がないかな」という気持ちで来店するのではないかということである。

Something Newの提案力が書店の売上を左右する可能性が高いことは、多くの人が指摘している通りである。

加えて、書店は誰と戦っているかということも重要だろう。

牛丼戦争は時折新聞紙上を賑わす話題である。大手各社が身を削る思いで価格戦略を考えているが、彼らが値付けにあたって見ているのは競合他社ではない。その他ファストフードやコンビニの価格である。どれだけ牛丼が好きでも毎日食べるわけではないし、好きだから牛丼を食べるわけでもない。昼食をどうしようかと考える際に、弁当屋の弁当にしようか、コンビニで買おうか、定食屋にしようか、マクドナルドにしようか……、という検討の中から牛丼が選ばれるのである。

その点では、おそらく書店の競争相手は、余暇の友あるいは情報を提供する他の媒体であろう。私自身を振り返ってみても、10年前と比べたら読書に費やす時間は減ったと思う。特に電車の中では紙を読むよりケータイをいじっていることのほうが多くなってきた。帰宅しても寝る前は本も読むが、ネットを見ていることのほうが多い。

提案型の書店は支持されるのか

先日、テレビを見ていたら、興味深い書店が紹介されていた。

東京都江戸川区にある「読書のすすめ」という書店だ。この書店は、いわゆる街中にある小さな書店である。

ここの店主は、来店した客に「どんなものをお探しですか？」と必ず声をかける。たとえば、客が「今日は泣きたい気分なので、泣けるものがいいですね」と言えば、泣ける小説などをいくつか提案する。店主は、いわゆるブックアドバイザーなのだ。

そのためには、自分の店に置いてある書籍は全て目を通しているのだろう。逆に言えば、自分が読んで納得したものだけを置いているのかもしれない。だから、店には流行りのベストセラーだけが置かれているわけではない。

先ほど、書店にはSomething Newを求めに来ると言ったが、自分が抱えている悩みを解決したい、必要な情報を得るためにといったことから、暇つぶしに何か面白いものを読みたいなどのニーズがある。

目的とマッチした書籍と出合えるかどうか

キオスク端末（コンビニエンスストアなどに置かれているタッチパネル式の情報端末。書店では書籍検索が可能な端末の導入が進んでいる）が多くの書店に導入された今、何がどこにあるかを教える機能は終わった。

書籍を買ったものの自分が求めているものと違ったという経験も多いだろう。立ち読みで全てを読むことはできないのだから、それも仕方がない。

しかし、一度読んだ人、しかも信頼できる人から薦められたら、どうだろうか。各個人の好みというのはあるが、どんな悩みを解決するかというポイントさえ外さなければ、かなりの確率で欲しい書籍と巡り合えると思う。

もし提案された書籍が自分にマッチしていれば、またあの書店で本を買いたいと思うのではないだろうか。実際、その書店を紹介しているテレビでは電車で1時間もかけて、わざわざその店主に会いに来ている客もいた。

そう、書店に行くのではなく、店主に会いに来ているのである。

このような地域密着型の書店は全国に何店もあるようだ。たとえば週刊文春2010年8月12日・19日号には、大阪の隆祥館という書店が紹介されていた。その店の売り場面積は15坪ほどだが、坪単価の売上は大阪トップクラスを誇るそうだ。その秘訣は、コミュニケーションを多くとって、顧客のことをよく知ることにある。

店にいる3人で地域の顧客約1000人の好みが頭に入っている。どのくらい頭に入っているかと言えば、顔を見ただけで、好きな作家の名前や雑誌のジャンルがわかるほどだ。毎月の新刊書案内を見るとすぐに常連さんの顔を思い浮かべる。

書店では静かに選びたい、あるいは書店に自分の好みを知られたくない人もいるだろう。そういう人はたぶんこの店には行かない。しかし自分の好みという情報を提供することで、Something New が得られることに喜びを感じる人もいるだろうし、私もどちらかというとそうである。

小規模な店舗だからできることなのかもしれないが、これは一つの注目すべき流れである。八百屋がスーパーに敗れ、スーパーがコンビニに敗れた。その次はぐるっと回って御用聞きがコンビニを破る。これからはマスのサービスではなく、個人名による個人相手の個別具体的なサービスが勝つというのは、10年ほど前から言われてきていることである。

書籍の売れ行きランキングを見ていると、店によって大きく違う。それは、客層が異なることに加えて、各店が独自の売り場展開をしている結果である。そこには各売り場担当者の哲学が反映され、それに共感する客が来店し、お薦めを手に取り、レジに向かう。

御用聞きは、これの逆である。顧客のことをよく知らなければ成り立たない。Something New を探しているお客が「何か面白い本、ないですかね」と聞く。しかし、客のことがわからなければ、「あなたにとって何が面白いんでしょうか」となってしまうのは当然だ。

しかし、もう一つ難しい点は、仮に客の好みをよく知っていたとしても、提案するだけのネタをたくさん持っていなければならないことである。先述の通り書籍の発行点数は膨大で、新刊をチェックするだけでも大変だ。その上、自分の好みは一旦横に置いておいて、相手の視点で相談に乗らなければならない。かといって、主観のない提案は面白くも何ともないので、そこにブックアドバイザーの視点を加えると、面白いことになるのではないかと思う。

こんな書店があったらいいな。

ここで、これまでの書店の話をまとめてみたい。

まず、今のレジを、純粋なレジ機能とコンシエルジュカウンターに分ける。レジ機能は店の出口に持っていく。レジはセルフレジを一部導入し、ブックカバーは必要な人だけのセルフサービスにする。これが客に受け入れられなければ、カバー掛けだけの専門カウンターを設置してそこに誘導する。自宅配送業務もここで行われる。会員になれば、ケータイ番号を入力するだけで配送伝票が発行され、1文字も書くことなく、配送手続きが行われる。送料は電車賃程度なら納得する。

また、多くの店では出口と入口が分かれていないから、同じ場所に入口機能も置く。入口機能は傘立てと手荷物預かりカウンターを置く。カバンを入口で預かれば万引き防止にも効果があるだろう。

客からの問い合わせは全てコンシエルジュカウンターが対応する。すると客は忙しそうに品出しをしている店員や、レジの店員に申し訳なさそうに話しかけなくても済む。カウンターには馴染みのブックアドバイザーがいて、客の職業から好みやライフスタイルまで把握していて、雑談がてら面白そうな本をいろいろ紹介してくれる。ツイッターやブログなどでもブックアドバイザーの個性を生かした情報が提供され、時にはメールでも個別に情報提供してくれる。

これは、私の勝手な空想であるが、こんな店があったら週に何回も行きたいと思う。

携帯電話に月に1万円払い、50円の卵で悩む習慣

友人が最近自宅を引っ越した。

ソファーだけは大きなこだわりがあるらしく、ずっと欲しかった大きなソファーをセットで購入し、締めて50万円ほどだったそうだ。

彼はそのとき、ソファーの横に置くサイドテーブルを購入するかどうかで少し悩んだそうだ。そのサイドテーブルは、台と脚と土台の関係が、横から見るとコの字にデザインされているため、土台の部分がソファーの下に潜り込む。だから、ソファーに深くかけていても、テーブルが手元に近いところに来ることが、たいそう気に入ったそうだ。

そのサイドテーブルは１脚３万円もするのだが、そのテーブルを使っている自分をイメージしたら「しっくり来た」ので、それほど迷わず２脚買ったそうである。

単品であれば、３万円もするサイドテーブルを購入するのは相応の決断が必要だ。雑誌で見つけて、ネットやカタログで入念に調べ、店で見て、しかも数回通って、やっと買う。しかし、50万のソファーセットがある生活をより魅力的にするための３万円×２は、すっと決まってしまうのである。

お金とは、本当に不思議だ。

なぜか、大きな出費をするとき、モノの値段を普段と違う感覚で考えてしまうことがある。たとえば、車を２００万円で買ったら、10万円もするカーナビであってもポンと買ってしまう。普段、単品で10万円の買い物をするときは、かなり躊躇《ちゅうちょ》してしまうのに、である。

お金自体は定量的な数字であるのに、価値は相対的に捉えられがちである。だから、場所や状況によって、お金の価値は大きく変わってしまう。

このような例は、身近な消費でもよくある。

たとえば、携帯電話に毎月1万円くらい払っている。しかし牛丼屋に行くと、50円の卵を付けようかどうかで悩む。

1000円のランチであれば、1回食べたら終わりである。一方、同じ1000円でも、なぜかユニクロのTシャツ3枚セットを買うときは迷ってしまう。下手したら3年くらい着られるかもしれないのだから、価値で言えば、ランチよりもTシャツ3枚のほうがあるように思える。ところが、ランチであればすんなり1000円が出るのに、Tシャツ3枚だと、なかなか財布の紐が緩まなかったりする。

これは**「慣れ」の問題**である。普段から消費しているものに対しては、「慣れ」があるから値段が高いとは感じなくなる。携帯電話を最初に購入したとき、毎月5000円も払うのはもったいないと思ったはずだ。

しかし、毎月毎月払っていると、「携帯電話とはそういうものだ」という認識になってくる。そのうち、あのサービスもこのサービスもと増やしていくと、あっという間に月1万円くらいになってしまう。

一方で、新しいもの、たとえば1万円の靴を買うときは、「本当にこの靴は必要なのだろうか」「この1万円があれば、他に何ができるだろうか」など、いろいろと考えてしまう。

つまり、払い慣れていないものに対しては、高いと感じてしまうということである。

また、払い慣れているが購入頻度の低かったものでも、商品性が変わった結果、もっと買ってしまうようになることもある。

「払い慣れてもらう」のが商売

サービスの提供者側から見ると、商品やサービスを開発する際に欠かせない視点は「いかに払い慣れてもらうか」「その上で、どうすればもっと買ってもらえるか」である。

身の回りで本当に必要なもの、必要であっても絶対にそれでなくてはならないというものは、ほとんどない。機能や品質面もたいした差異はなく、結局は好みの問題である。その好みも、板チョコのところで触れたが、ほんの10円の差でひっくり返ってしまう程度の差異なのだ。

加えて、払い慣れているものに対して、購入頻度を上げるという施策もある。「食べるラー油」を初めて目にしたとき「参りました」と思った。

ラー油は、だいたいどこの家の冷蔵庫にも置いてある。思いついたときに買うのだが、利用頻度が少ない上に1回の使用量も微量なためなかなか減らない。しかも、チューブ入りわさびや生姜《しょうが》と違って賞味期限がよくわからず何となく長持ちしそうに見えるので、買い替え需要も少ない。

それを「食べるラー油」は、1回の使用量を多くして、利用頻度を増やすことに成功した。「1回の使用量を多くして、利用頻度を増やす」方法を発見したことがすごいのではない。これくらいは誰もが考えていることだ。それを、商品の形にしたのがすごいことなのだ。

認知→興味→欲求→記憶→初回購入→複数回購入→継続的購入→購入頻度の増加、とい

うプロセスは、マーケティングの教科書を読むまでもなく、モノを売ろうと思ったら当たり前に考えることである。そしてこの流れは、我々が普段目にするどの商品を取ってみても周到に設計されている。

商品企画にあたっては、上記の流れを縦軸に書き、横軸に空白の箱を書いて、この空白を埋めていくように企業側のアクションと顧客側の想定される反応を設計していく。それこそ、頭のいい人たちが集まって、人生をかけて設計しているマーケティングプロセスである。だから、我々はまんまとその罠にはまってしまう。

たとえば「ダイエットクッキー」。あれだけ売れているので、あなたもお試しになったことがあるかもしれないが、ご多分に洩れず私も試した。初回に送られてきた商品に同梱されたチラシを読むと、こちらから断らない場合には、商品を継続的に送ってくると書いてある。料金はもちろん後払いなのだが、この方法で継続する一定数の消費者がいるのだろう。

また、ずいぶん前に妻が購入した美顔マッサージ器に必要な専用クリームも、同様の販売方法が取られていた。

以前の携帯電話のようにメイン商材の値段を無料または低額に抑えているが、それを継

商品企画のプロセス

プロセス	企業側のアクション	顧客側の想定される反応
1 認知		
2 興味		
3 欲求		
4 記憶		
5 初回購入		
6 複数回購入		
7 継続的購入		
8 購入頻度の増加		

▼

上記の空欄を埋めながら
商品企画、販売方法を決定していく

続的に使った場合のサービスで稼ぐ方法がある。あるいはインクジェットプリンタのように消耗品で稼ぐ、スポーツクラブのように無料体験が申し込めるようになっていて、その無料体験の期間に目標を一緒に立てて何とか続けたいというインセンティブを植えつけるなど、いろいろなやり方がある。

このような販売方法については好みが分かれるだろう。場合によっては「ヤラれた」と不快に思う人もいるかもしれない。しかし、頭のいい人が一生懸命考えて、お金を使って、人を雇って工夫しているものである。むしろ、これを楽しむ、あるいは楽しむだけでなくて自分の仕事や生活に生かす視点を持ったらどうだろうか。我々の賃金は他人の消費によってしか得られない。公務員であっても、お金が回る過程で徴収された税を原資として賃金が払われる（のが基本であるが、今は必ずしもそうなっていない）のだから。

節約し続けると、必ず「節約疲れ」が起こる

ある土曜日、日本経済新聞を読んでいたら、「今年（２０１０年）は、夏休みに旅行に

行く人が増えた」といった内容の記事があった。

旅行会社や航空会社、観光地の人は大喜びであろうが、「日本経済に回復の兆しがあるので、余暇に使う出費が増えたのではないか」という考察があった。

確かにそういう面はあるのだろうが、日本が不況であることに変わりはない。

しかし私は、「不況である状態にただ慣れてしまった」という面が強いのではないかと思う。不況という状態に慣れてきたから、再びレジャーにお金を使い始めただけなのではないだろうか。

2008年の5月頃だったか、ガソリンの価格が急騰したのは記憶に新しい。最高値は同年8月につけたレギュラーガソリンがリッター180円くらいであったか。その頃のことは強烈に印象に残っている。平日昼間であっても都心の道路はガラガラ。トラックとタクシーばかりで、商用車や自家用車はほとんど見かけない。

地方の商業施設も閑散としていた。取引先のコンペに誘われ、茨城の霞ヶ浦の近くにあるゴルフ場に行った。ハイシーズンの日曜日だというのに、通常の7割程度しか客がいない印象だ。また、道路も空いており、そこのゴルフ場に行くには朝の往路は1時間、復路は2時間というイメージなのだが、夕方の帰りも1時間で戻ってくることができた。道中に何ヵ所かあるショッピングモールの駐車場は、営業していないのかと勘違いするくらいクルマが停まっていなかった。

世の中には節約が生きがいの人もいる。しかし、そうでない人も不況やモノの値段の急激な上昇により節約ブームに乗っていく。

しかし、節約ばかりをしていると、いつか節約疲れを起こしてしまう。

私たち人間は本能的に「お金を使って、楽しみたい」という欲求があると思う。中には、物欲が全くない聖人君子がいるかもしれないが、ごく少数であろう。我々人類の歴史は、「工夫による余剰《よじょう》の創出」である。余剰があるから安定し、健康に暮らせる。今は、特に先進国においては余剰があり過ぎて、その使い道に困っている状態である。

世の中には本当に大変な人もいるが、日本ではモノやサービスの値段が過去20年の間にどんどん安くなっていることもあり、まだまだ余裕がある人のほうが相対的に多いと言ってよいだろう。

だから、節約疲れする気持ちはよくわかる。

主婦であれば、毎日の食費で数十円を節約したり、暑い真夏であってもエアコンを我慢したりする。サラリーマンでも昼食代を少しでも安くあげ、ビールではなく発泡酒や第三のビールを飲むようにする。

しかし、節約生活をしていると、ストレスが溜まって仕方ない。ストレスが溜まったら、どこかにぶつけないと気が済まなくなる。

ネットに誹謗中傷の書き込みをしたり、暴力や犯罪が起こったりする。飲み屋で喧嘩をする人は、お互いにストレスが溜まっているからだろう。多くの人は、そこまで行かなくても、無駄遣いや衝動買いに走るのではないだろうか。

つまり、ストレスを溜め込むと、必ず破綻するのである。

そして、人間というのは、何事にも慣れてしまうので、不況にも慣れてきた。「節約疲れ」と「慣れ」によって、2010年の夏休みのレジャー費が増えたのではないか、と私は思っている。事実、件《くだん》のガソリン高騰の年には交通量は年末頃には元に戻った印象があるのだが、時に我々はこういう極端な行動を取ってしまうことがあるのだ。

目的がなければ、節約は続かない

私は何も節約を残念だと言っているのではない。

どちらかと言えば、私は節約が大好きだ。会社に弁当を持っていく「弁当男子」を半年ほどしていたことがある。外食は上司のオゴリが前提で誘ってくれた飲み会にしか行かなかった。これはまだ独身の頃の話だが、マンションを購入しようと思い、頭金をつくるために節約をしていたのだ。

節約が続くかどうかは、目的次第——ではないだろうか。

私は、「マンションの頭金を貯める」という目的があったので、節約を続けることができた。しかし、生活が厳しいからという理由で節約をしていれば、節約疲れを起こしてしまうだろう。

「マンションを買うための節約なんて贅沢だ。私なんて、毎月食べていくのがギリギリなんですよ」という声が多いのもよくわかる。しかし、先の見えない節約ほど、苦しいものはないのではないだろうか。

同じ苦しみならば、前向きな気持ちで取り組みたい。

たとえば、毎月1万円を節約しないと食べていけない場合、思い切って毎月5万円節約してみてはどうだろうか。

そうすると、毎月4万円の余剰金ができるので、目的を持つことができるのではないか。「留学する」「旅行に行く」「結婚費用を貯める」……など、目的が現実的になってくるだろう。

コストの削減は、3%よりも30%のほうが簡単

「毎月1万円を節約するのも大変なのだから、毎月5万円も節約することなんてできない!」と反論する人も多いだろう。

しかし、そんなことはない。私は「**ちまちました節約よりも、どかーんと節約したほうが簡単だ**」と確信している。

ビジネスの世界では、３パーセントや５パーセントのコスト削減は難しいが、30パーセントのコスト削減は意外に簡単だと言われている。

３パーセントのコスト削減というのは、現状の枠組みの中からムダなコストを見つけて改善していく、非常に細かい作業である。単にコスト削減というと、ケチケチ運動みたいになり社内の雰囲気も悪くなるので、上手に実行しないと、逆効果になることもある。

ある上場企業でトイレに備え付けてある手を拭く紙を廃止するかどうか議論していたところ、業《ごう》を煮やした部長が「そんなことを気にするような利益しか出ていない商売なぞ止めちまえ！」と怒鳴ったことがある。

一方、30パーセントのコスト削減であれば、仕事のやり方を抜本的に変える必要がある。これは、現状の枠組みを壊さないと達成できない。

逆に言えば、現状の枠組みを壊して新しい枠組みをつくれば、30パーセントのコスト削減はそれほど難しくない。自動車関連の生産子会社や部品工場には、親会社の生産管理部

節約するなら、どかーんと節約

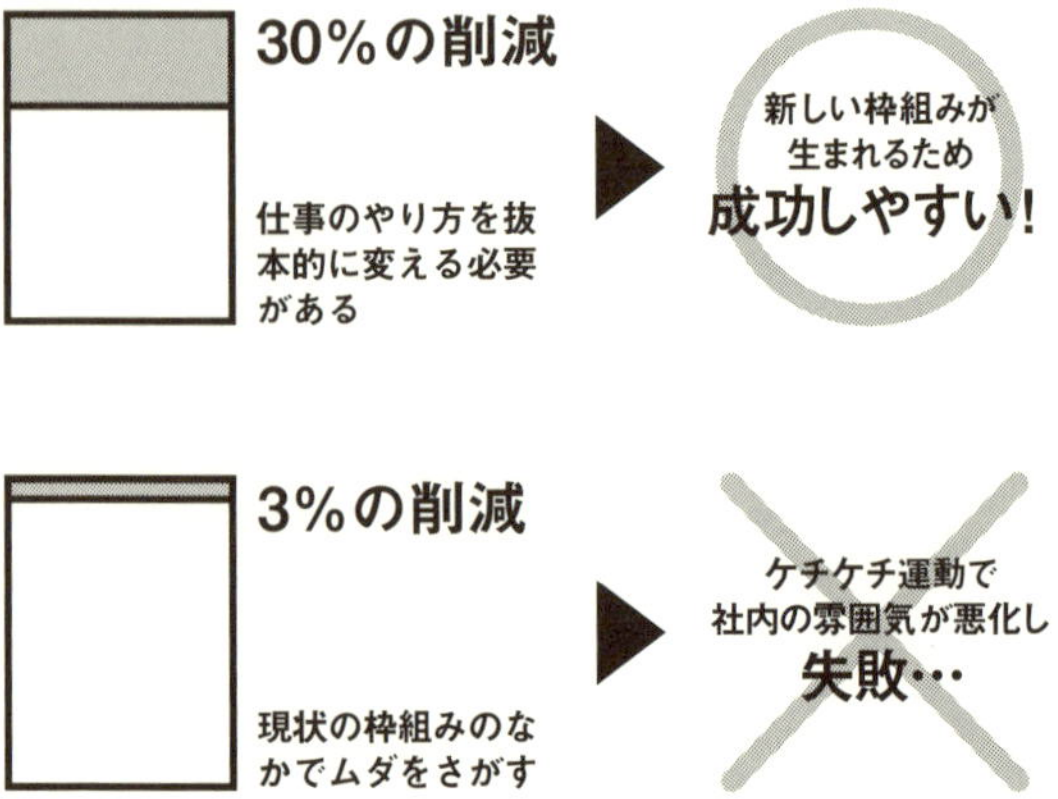
30%の削減
仕事のやり方を抜本的に変える必要がある
新しい枠組みが生まれるため
成功しやすい!
3%の削減
現状の枠組みのなかでムダをさがす
ケチケチ運動で社内の雰囲気が悪化し
失敗…

門の担当者が視察に来る。現場のリーダーあたりが忙しくて大変だから、人を増やしたいとか、単価を上げてくださいなどと言うと、逆に「人を1人抜いてみろ」と指導される。要は、5人でやって忙しいということはやり方がまずいはずだから、4人でやればもっと問題が明らかになる。頭を使え、ということである。

節約といって金銭上あまり意味がないものの代表例は、水道光熱費の節約である。ワンルームマンションに住んでいるのであれば、三つ合わせても月額1万円程度であろう。これに、こまめにコンセントを抜いたり、風呂水を洗濯機に再利用したとしてもたかが知れている。エコが趣味でやるならよいが、大きな節約にはならない。ラーメン屋で煮卵とチャーシューをトッピングした瞬間に相殺《そうさい》である。

要は、もっと大きいところを抜本的に見直すべきということだ。

これまで、「お金を使わない」ということを考えてきたが、最後に、イノベーティブなお金の使い方について考察したいと思う。

46ページの「お金を払ってするのが勉強」、１４７ページの「スーパーの板チョコの話」の実践編である。

多くの人に受け入れられている、コアなファンが存在する商品やサービスには、必ずその理由がある。自分の仕事に満足していない人がもしいるなら、その人には一旦自分の好みは横に置いて、それらに触れてみることを強く勧めたい。

それも、触れるだけではなく、目を凝らして、細かいところ一つ一つをよく見る。優れたモノや人の動きには、一つ一つ全て理由がある。それを探るのだ。

本書で既に紹介した企業以外にも、優れた企業はたくさんある。

たとえば、マクドナルドではケータイクーポンを探して割引されたハンバーガーセットを買うだけではいけない。ネット上でのクーポンまでの導線、クーポンの並び順や番号体系、開始と有効期限の裏にあるそのキャンペーンの背景を読み取る。レジに並んだら、調理の様子を観察する。マックの店舗は一つ一つが食品工場だ。何人が働いていて、各人がどういう役割分担で仕事をしているのか。帽子の色の違いは何を表していて、役割分担との関係はどうなっているか。パティをどこから出してフライパンに置くか。焼きあがるまでに何分かかっているか。タイマーを使っているが、そのボタンはなぜその場所にあるか。少し考えるだけでも、疑問は尽きない。

脂っこいものや並ぶのが苦手な人でも、ラーメン二郎には行ってみるといい。並んでいる間に、他の客の行動を観察する。何人並んでいて、出入りするタイミングを計測し、自分が何分待つことになるか予測してみる。入口に近づいてきたら、中で食べている人たちの様子を見る。肉から食べる人、奥に埋まっている麺を掘り出して食べる人など、みながどういう順番で食べているのか。実際食べてみて、自分の好みはさておき、コアなファンがいる理由を探ってみる。この過程で、漫然と食事をしているだけでは得られない、大きな発見があるはずだ。

値段の高いものも見る必要がある。いや、値段の高いものほど見るべきものが多いと言えるかもしれない。

たとえばクルマ。最近若い人がクルマを買わなくなったといわれているが、確かに都内に住んでいることも加わってか、周りでクルマを持っている人が本当に少ないと感じる。実用面で必要がないという理由が大きかろうが、他にも「エコ」ばかりが強調されて、「エロ、エゴ」という魅力が薄れてきたこともあるのかもしれない。

とはいえ、クルマは日本を支える一大産業だ。何しろ自動車関連産業の従事者は約550万人で、全就労人口の8・4パーセントを占めている。数が多いだけでなく、その中枢では頭のいい超一流ビジネスパーソンが、クルマを創る、作る、売るに日夜世界中を相手にして、真剣に取り組んでいるのである。学ぶべきことがないはずはないし、クルマに触れない人生には大きな機会損失があると思うのは、私だけだろうか。

たとえば、クルマというもののコンセプトの広さと深さ。第一義的には「運搬具」であるが、「クルマとは何ですか」と尋ねられたらそれ以外にさまざまある。居住空間、リスニングルーム、寝る場所、趣味や嗜好の表現手段、高度情報システム、先端技術の実験場、美術品、自分へのご褒美……など、キリなく思い浮かぶ。

クルマに興味がない人でも、一度クルマのディーラーに足を運んでみてはどうだろうか。クルマのディーラーはサービス業として高度に設計されている。最終的に買わなくてもいい。ディーラーでの体験が勉強だ。そのつもりがなくて結局買うハメになってしまったとしても、自分の考えの変化をたどれば、仕事に生かせるはずだ。

私はここ数年で、日本とドイツの主要メーカーのほとんどのディーラーを訪れたが、アウディはなかなか洗練されていると思う。この2、3年の伸び率はグローバルで見てトップである。製品自体の魅力も高いのだが、その販売プロセスを見ても、なるほどこれは売れると感じる。前著『残念な人の思考法』でも一部触れたが、それ以外にもスタッフの行動、ディーラーの建物、内装、ディスプレイなどの一つ一つに意味があるように見える。

例示すると以下の通りである。

・店内のミニカーや傘などのグッズに全て値段がついているのはなぜか。
・機能の説明を必ずクルマの前で行うのはなぜか。
・初回提案には「自動車購入メモ」と書かれているのはなぜか。

一度訪れてみて、その背景にあるものを読み取ってみてはいかがだろうか。もちろん、トヨタ、日産、ホンダ、マツダなどの日系ディーラーにも、それぞれのブランディングに合った工夫がされている。いろいろ訪問して、その違いを考えてみるのも面白いだろう。

おわりに

出発点は「遊び」

人生の目的は休息である。芸術家にとっては閑暇が労働であり、労働が休息なのだ。

バルザック

ここまで、残念な習慣について、私の周りで起こったエピソードを中心に述べてきた。かなり辛辣なことも言ってきたが、私は何もガチガチの仕事人間ではない。どちらかと言えば、遊びたいがために仕事をしている。

この項を書こうと思って、自分のモチベーションの源泉はどこにあるのだろうと振り返ってみたところ、だいたい次のような感じである。

楽しいことがしたい。楽しいこと＝遊びをするためにはお金がいる。だから働かなければならない。でも、夜や土日に遊びたいから、仕事は早く切り上げたい。ミスがあると遊びの時間が邪魔されるから、完璧を目指す。両方やるには健康でエネルギーに満ちた状態であることが必要だ。

遊ぶうちにどんどんのめりこんでいく。すると、もっとお金も時間も必要になる。だから短い時間で稼がなければならない。それには、収益性の高いビジネスをやらなければならないし、個人としても勉強して人ができないことをできるようにならなければならない。自分1人でできることには限界があるから、仲間が必要だ。ただし、仲間と喜びを分かち合えるような仕組み・仕掛けが必要だ。また同時に、人間性も高めなければならない。

そうこうしているうちに、仕事自体が面白くなってしまって、のめりこんでしまう。時には仕事がうまく行かないこともある。しかし、そんなときに遊んでも面白くも何ともないのだ。

このロジックに賛同してくれる人がどれくらいいるのかわからない。中には、腹立たしいと感じる人もいるだろう。もっと社会的な目標を出発点に置くべきではないか、という意見もあるだろう。

しかし、私のモチベーションの源泉はよくも悪くも遊びである。私と同じような出発点を持っている方であれば、同じように考えることによって今よりもうまく行くかもしれない。あるいは、他のことが出発点であったとしても、似たようなロジックで考えると、自分の仕事観がよくわかるだろう。

仕事とは、自分以外の他人に価値を提供することである。それの報酬がお金という形で払われるかどうか、あるいはその金額が多いか少ないかは問題ではない。だから主婦業も仕事である。だとすると、仕事は起きている時間の大半を占めている。

何のために仕事をするのか、というのは人生のどこかで、あるいは常に発せられる質問だと思う。その答えは、人によって異なるし、同じ人でも年齢や経験によって変化していくものだろう。最低限、あなたが提供するものを必要とする人がいて、やることに筋が通ってさえすれば、何でもよいと思う。

結局、残念な人生とは、自分が思い描くような人生を送れないことだろう。残念な人生かそうでない人生かは、自分自身で納得することであるからだ。
だからこそ、**私は「仕事」と「遊び」のバランス感覚が大切だ**と確信している。そのためにも、力の入れどころと力の抜きどころをきっちり分ける必要があるだろう。

さて、この本が生まれたのは、アスコムの黒川精一氏にお声をかけていただいたことがきっかけである。前著『残念な人の思考法』が書店に並んで間もなく、1週間後にご連絡いただき、お会いした。

このところ、最近のビジネス書と呼ばれるジャンルに並んでいる書籍に少し飽きていた。最大の理由は、相当量読んだので自分の知識が増えたことが理由だと思うのだが、それだけではない気がしていた。批判を恐れずに1人の読者としての意見を言えば、無味乾燥な情報が記載されている「説明書」ばかりで、ユーモアやエスプリの効いた「読み物」になかなか出合えないのだ。かといって、説明書も必要だし、面白いだけの読み物を読むほど時間の余裕があるわけでもない。何かそのうまいバランスを取った本を読みたいといつも思っていた。

過去に何冊か勉強の本も出していたのだが、恥ずかしながらそれらも少なからずこの壁にぶち当たっていたため、前著を書くにあたってはチャレンジを試みた。そこで、自分が面白いと思う本のポイントを20項目整理したチェックリストをつくり、それに従って書いてみた。

黒川氏は、お会いしてすぐに、その20項目のうち半分程度を「こういう点が面白いと思う」と指摘された。私は「この方はすごい！」と感動して、すぐにこの本の企画に取り掛かった次第である。きっかけを与えていただいた黒川氏に、まずは感謝の意を表したい。

本書の最終仕上げは子どもたちの夏休みとばっちり重なってしまった。長男の自由研究は何とか手伝うことができたものの、その他の部分は全て私と同じように仕事を持つ妻任せになってしまった。大変申し訳ないと思うが、よい環境とモチベーションを与えてくれていることに、本当に感謝している。

２０１０年８月

山崎将志

残念な人の仕事の習慣

発行日 2010年 9月23日　第1版第1刷
発行日 2010年10月18日　第1版第4刷

著者　山崎将志
デザイン　阿形竜平＋菊池　崇
編集協力　森秀治、正木誠一
編集　黒川精一
発行人　高橋克佳
発行所　株式会社アスコム
〒105-0002　東京都港区愛宕1-1-11　虎ノ門八東ビル7F
編集部　TEL：03-5425-6627
営業部　TEL：03-5425-6626　FAX：03-5425-6770
印刷　中央精版印刷株式会社

Printed in Japan ISBN978-4-7762-0630-9